SHODENSHA
SHINSHO

プレミアリーグは、なぜ特別なのか

東本貢司

JN283832

祥伝社新書

はじめに

弱冠二十三歳。ドイツ・ブンデスリーガで瞬《また》く間にトッププレーヤーとしての地歩《ちほ》を築《きず》いた香川真司《かがわしんじ》が、勇躍〝母国〟イングランドの〝土《ソイル》〟に舞い降りた。

彼がまず直面するのは、〝戦術〟の違いなどではない。新天地「マンチェスター・ユナイテッド」と、この世界的クラブが所属する「プレミアリーグ」、ひいては「イングランド」という国であり、その〝何たるか〟をいち早く把握することである。

独特の、癖の強い監督、プレーヤーたちが群れ集うラビリンス――。

スキルや戦術眼以前に、強靭《きょうじん》な精神と肉体が一体化した〝人間くささ〟、もしくは「ヒューマン・ファクター」が問われ、いざというときに何よりものをいう世界――。

愛情と手厳しさを併《あわ》せ持つ、筋金入りのファンたちが、鳴り物入りでやってきた新人の「ハートとキャラクター」を見定めようと熱視線を送るワンダーランド――。

此処《ここ》は、そんな〝熱〟を全身で受け止め、全霊で応《こた》えながら同化し、その上で違いを見せつけてこそ、はじめて生き残っていくことのできる厳しい舞台なのだ。

と同時に、魅力尽きない「特別」な時空間でもある。

「カガワ」の成功は、ひとえにそれらを〝我がもの〟とできるかどうかに係っている。少なくとも彼は、この国のフットボールの中心ともいうべき場所で、それらを「体感する／できる」特権を得たのだ。

英国在住時代から、さまざまな形でイングランドとプレミアリーグ（とその前身リーグ）に接してきた筆者にしたところで、その実像は、まだどこか茫洋《ぼうよう》としている。それでも、背景となる文化的な視点に独自のアプローチを絡《から》め、あえて〝熱〟の赴《おもむ》くままに綴《つづ》ってみた。

フットボール通からビギナーを問わず、本書のどこかに、わずかなりとも読者諸氏の「ハートとキャラクター」に触れて響くものがあることを信じて――。

二〇一二年九月

東本《ひがしもと》 貢司《こうじ》

目次——プレミアリーグは、なぜ特別なのか

《北》のスコットランド、《南》のイングランド、
ウェールズ、北アイルランドという四つの国が合わさって、
「英国」を構成している。

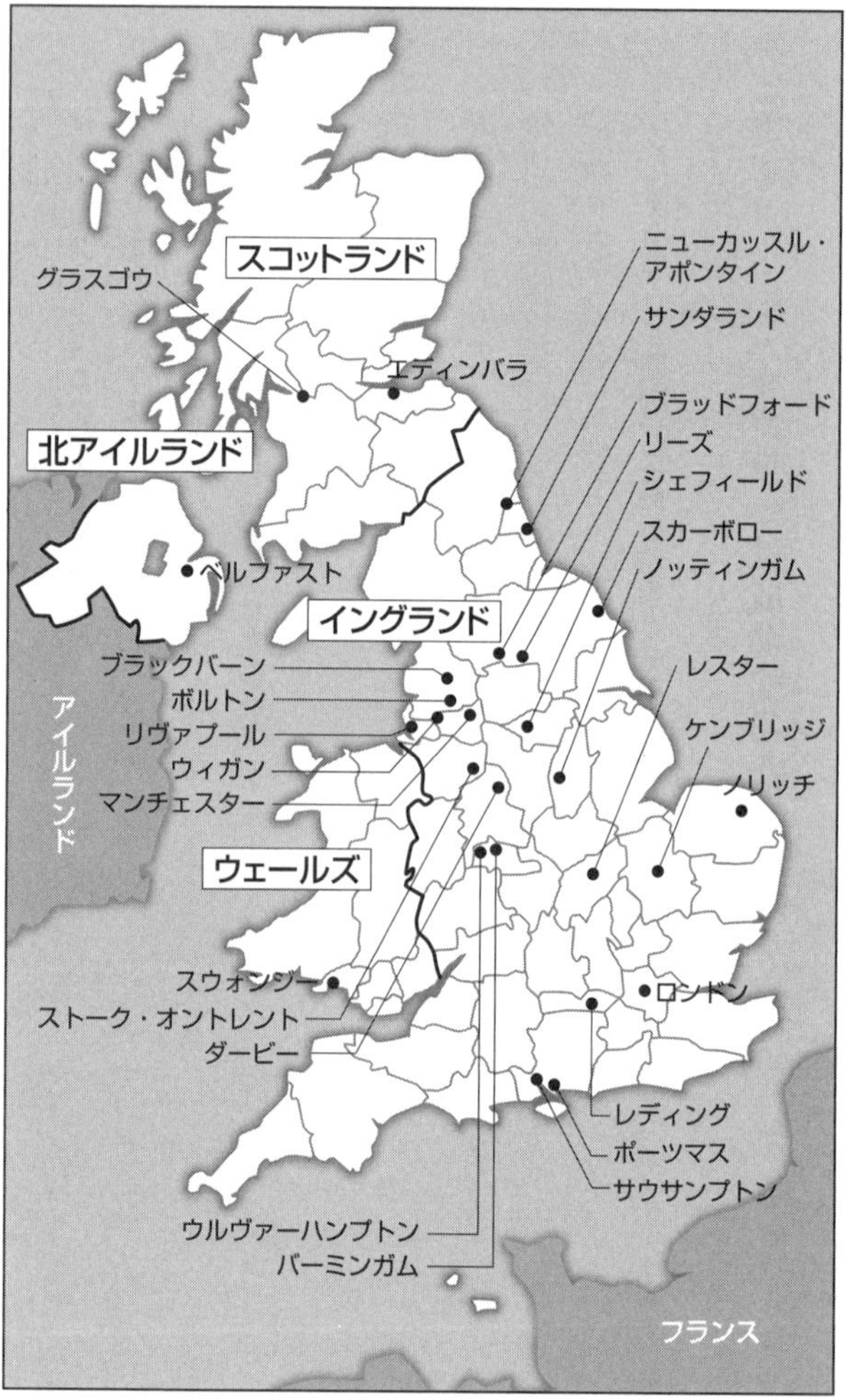

プロローグ　――「プレミア」の意味するもの

おそらく、一般的な日本人の知識の中で「プレミアリーグ【Premier League】」は少なからず誤解されている。「日本代表の一〇番、香川真司がプレミアリーグのマンチェスター・ユナイテッドと契約」の報道を耳にして、はじめて前向きな関心を持った人ならなおさらだろう。

「プレミア」という〝言葉〟も、その一つかもしれない。

実際に、かつて筆者も知人からいわれたことがあるように、「プレミア」と聞くとついどこか〝高みから見下ろす〟ような気取った響きとイメージを想起させるようだ。だが、手近な辞書をひもとけば、それが単に「第一位の」「首位の」「最初の」を意味する形容詞にすぎないことがわかる。

種を明かせば、きっと「プレミアム【premium】」との混同だ。形容詞「プレミアム」

の訳語には、確かに「高級な」「高価な」とある。

「プレミアリーグ」の命名者がこのことをまったく意識しなかったとは言い切れないが、それでも、やはり「プレミア」は、「一番目にくる」、つまり「ファースト【first】」ないしは「トップ」と同義として受けとめるだけで済むだろう。

なぜなら、現在「プレミアリーグ」は、サッカー（フットボール）だけではなく、広くスポーツ界にごまんと存在しているからで、バスケットボール、クリケット、ラグビーの他にも、カーレースやスヌーカー（ビリヤードの競技方式の一つ）、ダーツにいたるまで、「プレミアリーグ」を名乗る世界がある。お察しのとおり、これらは概《おおむ》ね、英国ないしは英国圏で行なわれている〝トップリーグ〟を指している。

そして、フットボールの世界に目を向けると、これがなんと〝本家イングランド〟を含めて二六カ国（二〇一二年七月現在）にも及んでいる。それも、兄弟国のスコットランド、ウェールズ、北アイルランドや「英国連邦」いわゆるコモンウェルス諸国（インド、パキスタン、ガーナ、南アフリカなど）辺《あた》りならさもありなんとしても、東ヨーロッパ、中東にまで「プレミアリーグ」を冠する国が目白押しなのである。

つまり、ここでいう「プレミアリーグ」は固有名詞でも何でもない。日本のトップリーグである「Ｊ１」だって、その気になれば「ジャパン・プレミアリーグ」と改称して何の差しつかえもないわけだ。

とはいえ、「プレミアリーグ」の宗主国《そうしゅ》が一九九二年にこの名称を取り入れたイングランドであることは間違いない。前置きや文脈もなく、いきなり「プレミアリーグ」という場合、それはイングランドのトップリーグを指していると考えていい。

ちなみにその正式名称は、現在のスポンサー企業名を冠した「バークレイズ・プレミアリーグ」（「バークレイズ」とはイングランド三大銀行の一つ「バークレイ銀行」のこと）。

なお、イングランド以外の国では他と区別するために「イングリッシュ・プレミアリーグ」と呼ばれるのが通例だ。

しかし、全世界三〇余りの「プレミアリーグ」の宗主、という名目のみをもって特別扱いされるわけでもない。

ならば、何をもって本書のタイトルにあるとおり「特別」なのか。

一つのカギは、やはり香川真司の〝入団先〟にある。

二〇〇二年の日韓ワールドカップが数カ月後に迫った頃だったか、TVの某クイズ番組でこんな問題が出題された。

「イギリスのサッカー一部リーグ、プレミアリーグで、過去にリーグ優勝を三回以上達成したチームを、マンチェスター・ユナイテッド以外に四つ、答えなさい」

当時自《みずか》ら「サッカー通」を公言していた回答者のアイドルタレントは得たりと、確か次のようにのたまったと記憶する。

「リヴァプール、アーセナル……アストン・ヴィラ……エヴァートン！」

そして司会者は、破顔一笑《はがんいっしょう》「正解！」

少しなりとも事情を知ったファンなら、ため息をついて呆れ返るところだろう。なぜなら正しい答えは「ゼロ」。つまり、問題そのものが成り立たない。二〇〇二年の時点で問題の条件に合致するクラブ（チーム）は、唯一マンチェスター・ユナイテッドしかなかったからだ。

ここにもう一つの、それも最大の誤解がある。

もし、問題文中の「プレミアリーグ」が「イングランドのトップリーグ」であれば、それこそ何の問題もない。「ご名答」である。ところが――。

ヒントはすでに提示しておいた。

そう、「プレミアリーグ」という名称が世界に先駆けてここイングランドで導入されたのは一九九二年だ。つまり、二〇〇二年（五月中旬以前）の時点では〝満十歳〟にもなっていない。現在（二〇一二年七月）でも、プレミアリーグの歴史はやっと二十歳を迎えたところだ。これは偶然だが、Jリーグと同年齢（シーズン開催期間が異なるため、Jリーグのほうが半年弱〝年長〟）なのである。

そして、この「プレミアリーグの二〇年」はとりもなおさず、ある一つのクラブの成功の歴史、つまり「マンチェスター・ユナイテッドの二〇年」でもある。

香川が入団した時点で、プレミアリーグのクラブに所属した経験のある日本人は、西澤明訓《にしざわあきのり》（ボルトン）、稲本潤一《いなもとじゅんいち》（アーセナル→フルアム→ウェスト・ブロム）、戸田和幸《とだかずゆき》（トテナム・ホットスパー）、中田英寿《なかたひでとし》（ボルトン）、あるいは直近の宮市亮《みやいちりょう》（アーセナル／ボルトン）と五名を数えていた。

しかし、いずれの場合の入団発表も、今回の香川のように、それも「可能性」の段階から、日本の一般メディアでこれほど大きく取り上げられたことはなかった。

それは、近年の日本代表チームの実力が以前より格段上に認識されていることもありそうだが、やはり「プレミアリーグ＝マンチェスター・ユナイテッド」のイメージパワーあってのことだろう。少なくとも、ようやく日本でも、その「ニュース価値」がクローズアップされるようになったからに違いない。

では、なぜそうなのか。マンチェスター・ユナイテッドはいかにして「プレミアリーグの代名詞」に成り得たのか。

それ以前に、ユナイテッドと競《せ》り合ってきたはずのリヴァプール以下が水をあけられてきた状況には、何か「特別」な理由があるのだろうか。

そもそも、なぜ「プレミアリーグ」は二〇年前にできたのか。

これらの命題を解くためにも、まずは〝母国〟イングランドが一三〇年以上にわたって刻んできたフットボール史、そのエッセンスを振り返ってみることにする。

第一章　フットボールの〝母国〟

「サッカー」と「フットボール」

サッカーの公式名称が「フットボール」だということは、もうある程度ご存知だと思う。「公式」の根拠は、各国の協会名にある。

たとえば、日本サッカー協会は「Japan Football Association」、略して「JFA」だ。「JSA」ではない。

仮に英語ではなく、ドイツ語やフランス語などに移し変えたとしても、やはり「サッカー【soccer】」（ないしは、そのドイツ語、フランス語に当たる言葉）の文字は一切出てこない。そもそも、それら自体、英語の〝翻訳〟に当たるからだと考えられる。

ただし、アメリカ合衆国（とカナダ）に限れば、協会名こそ〝国際常識〟に準じてはいても、同国のプロリーグには「Major League Soccer」、略して「MLS」の名称が与えられている。おそらくは、とっくの昔に国民的スポーツの一つとして揺るぎない地位を築《きず》いている「アメリカン・フットボール」に気を遣《つか》ってのことに違いない。

ごく端的にいうと、普段から「サッカー」を〝公称〟として用いているのは、アメリカと、第二次大戦後の被占領時代以降にアメリカ文化の洗礼をたっぷりと受けた日本くらいなのだ。

素朴な疑問は、なぜ〝世界〟は「サッカー」に統一しようとしない(しなかった)のか——。

フットボールと名のつく球技は複数存在する。ラグビー・フットボール、アメリカン・フットボール、ゲイリック・フットボール(アイルランドの国技)、オージー・フットボール(「ゲイリック」によく似たオーストラリア独特の球技)……ひょっとしたら他にもあるかもしれない。

ところが、〝サッカー〟の場合は、単に「フットボール」である。実は、「フットボール」をより正確に表記するなら、「アソシエイション・フットボール【Association Football】」なのだが、通常、その〝冠〟は省略されてしまっている。

どうして、そんなことになってしまったのか。

「Japan Association Football Association」というのでは具合が悪いから？　いや、それも一理あるかもしれない。真実は不明だ。少なくとも、公式に認められている文献に、その理由などを明快に解き明かしたものはない。しかし、ヒントなら――あくまでも憶測《おくそく》に帰してしまうとしても、〝フットボール史研究者〟が記した、なるほどと思う見解なら、ある。

十九世紀半ばのイングランドで「統一ルール」制定の会合が開かれた折、その推進役にして発起人たちは旗揚げを明示し、この〝新スポーツ〟の独自性を打ち出すために、「association」のスペリングの一部をもじって「soccer」なる造語をひねり出した。

つまり「サッカー」は、そもそもの時点でれっきとした公称だったことになる。

ところが、同会合の席上で「ボールに手を触れてはいけない」とするルールにどうしても納得できない一派が「憤然と抗議」した後に退席、しばらくして、あからさまに反旗の姿勢を誇示《こじ》するがごとく、ラグビー・フットボールのルール制定を行なったという。

ここまではいい。問題はその後である。

新生サッカーは、より激しい接触プレーと変化に富んだスタイルを持つラグビーの人気に押され、マイナースポーツの域をなかなか脱せないでいた。

そこで、発起人たちは一計を案じたのだ。

ルール制定の呼びかけをしたのも、現実にルールそのものを先にまとめたのも、我々の側ではないか。我々こそ「フットボールの先駆者」だ。専有権があるはずだ。ならば、そのことを提起する意味を込めて、このスポーツを単に「フットボール」と呼びならわすことにしようではないか！　「サッカー」？　そうだな、せっかくひねり出したんだから、何かの折に使える一つの〝別名〟とでもしておけばいいだろう――。

紳士の国のマッチョイズム

それから一世紀半以上の時が流れ、〝サッカー〟こと「フットボール」は、ライバルの「ラグビー」を凌駕《りょうが》してしまったかに見える。確かに、全地球的な伝播《でんぱ》の実態、競技人口、ファンの総人口、商業的価値において、ラグビーはおよそ太刀《たち》打ちできない地位に置き去りにされてしまっている。

なにしろ、フットボールのワールドカップは、全世界の延《の》べTV視聴者数でオリンピックを凌《しの》ぐほどの関心を集める、地上最大のスポーツの祭典なのだ。

だが、それはあくまで世界的視野に立った場合での話だけなのかもしれない。

最新の統計によると、ラグビー競技人口の約七割が英国圏（英国、アイルランド）に集中しているという。つまり英国圏に限れば、おそらくは潜在的ファンの数も含めて、ラグビーは今現在も、サッカーに対し決して遅れをとっていないようなのだ。

個人的な体験からいっても、ラグビー・フットボールが「至高のスポーツ」として英国圏の人々（特に男子）の血に脈々と波打っているのは紛《まぎ》れもない事実である。

象徴的な例として、筆者があるサッカースタジアムから目と鼻の先に建つパブを訪れたとき、そこの老バーテンダー（見た目だけで実は若い？）との間で交わした対話の一部を紹介しよう。

――マッチデイにはいつも満杯になるんだろうね？

「そりゃね、一番の稼ぎどきだ」

――で、おたくは（ホームチームの）誰が好きなのかな？

「えーと、誰と誰がいたっけな……」

――ひょっとして、まさかもう一つ興味がないとか？

「ああ。フットボールなんてヤワなスポーツだろうが。オレはラグビーひと筋だ」

――昔、けっこうならしてたりして？

「ふん。そいつは野暮《やぼ》な質問というものだな」


お断りしておくが、イングランド辺りのパブでのこういう会話には、得てして〝見せかけ〟のジョークも入り交じるから、すべてを鵜呑《うの》みにはできない。しかし、言い方や言葉の選び方だけの〝味付け〟も多く、彼らは概《おおむ》ね〝正直〟であることが多い。

いずれにせよ、バーテンダーは「サッカー（フットボール）」を「ヤワ」だと言った。

そういえば、先に挙げた「サッカー」以外のフットボールはすべて、足よりも手を多く使うし、ボール以外に道具や防具を使用するものもある。何よりも、サッカーなら必ずファールとして摘発《てきはつ》を受けるであろう行為を、むしろ売りにしているような

〝激しい肉弾戦〟を特徴としている。ヒントはその辺りにありそうだ。

サッカー、もしくはフットボールの源流を探ろうとしても、その結果「どれ」をもってそうだと規定することはもはや不可能だ。

「足で球体状のものを蹴《け》る」ということだけなら――今から二〇〇〇年以上前の中国・漢の時代の書物に、球を足で蹴る遊びが行なわれていたことが記録されている。あるいは、その影響を受けたのだろう、日本でもおよそ一四〇〇年以上前から「蹴《け》鞠《まり》」と呼ばれる球技が存在した。古代ローマやギリシアでも同種のボールゲームが人気を博していた――などと、ものの本には書かれている。しかし、これでは埒《らち》があかない。

翻《ひるがえ》って、イングランドがなぜ「母国」と呼ばれるのかといえば、それはこの〝足蹴りゲーム〟を「アソシエイション・フットボール」として体系化(統一ルール制定)したということである。それは、十九世紀半ばにケンブリッジ大学トリニティーカレッジにおいて、現行のルールに近い「統一ルール」が制定された事実を指している。

では、英国におけるボールゲームの起源はというと、一般には懺悔《ざんげ》の季節、年に一度の行事として行なわれていた「モブ・ゲーム【mob game】」だとされている。

市場の中心をスタート地点とし、双方、無制限に近い数のプレーヤーたちが互いに敵方の〝奥深くにある地点〟にボールを持ち込むのを競い合うというものだった。このゲームは今でも、イングランドの一地方でほぼ当時のままに行なわれているという。

「モブ」の意味は「乱闘、乱暴者」。その名のとおり、殴る蹴る何でもありの、凄まじく荒っぽい、スポーツというよりは〝喧嘩《けんか》祭り〟のようなイベントだった。古くは牛の膀胱《ぼうこう》をふくらませたものがボール代わりに使われ、デンマークなどとの戦時中には、敵の兵士の首が代用品とされたこともあったという逸話も残っている。

とにかく、あまりにも粗野で暴力的、しかも無数の労働者階級が我を忘れて熱中したために、十四~十五世紀頃はたびたび、国王たっての命《めい》でこの危険なゲームは厳重に禁止された。しかし、イングランドのマッチョな男たちが、熱い血のたぎりを全身で実感できるこの荒っぽいゲームへの情熱を失うことはなかったのだ。

そう、往時のモブ・ゲームには程遠くとも、ラグビーにはそれとほぼ同じ情熱を呼び戻してくれる要素が備わっているのである。

「FA」と世界最古のFC《フットボールクラブ》の誕生

さすがに時代は変わり、学校の整備や産業革命と共に一挙に生まれたクラブでは、ほとんど喧嘩に近い無秩序さに一定の規則、しかしそれぞれが独自のルールを設《もう》けて実施するようになっていた。手を使ってもいいところ、そうでないところ、メンバーの数を制限するところ、しないところ、などなど。

紳士的なルールの芽《め》生《ば》えはあったものの、〝無秩序さ〟は相変わらずだった。

そこで一八四六年、ケンブリッジ大学の学生、H・デ・ウィントンとJ・C・スリングらが名門パブリックスクールの代表者たちを集めて会合を開き、統一ルール制定を提案した。

会議は白熱し、ウィントンらの原案に強硬に反対した何校かの代表は荒々しく席を立った。この造反派のリーダーがラグビー校の代表であり、すでに触れたように、後にラグビー・ルールの元になるものを作った。

余談になるが、最古クラスのクラブの一つ、「アストン・ヴィラ」の創立当初にこんな嘘のような実話エピソードがある。なんと試合の前半をフットボールのルールで、後半はラグビーのルールで行なったというのだ。

また、母体ができた（一八六三年）という意味では、アストン・ヴィラよりも古い伝統を持つ「ストーク・シティー」の草創期には、ラグビーのボールを使ってフットボール・ルールで試合を行なうこともあったようだ。

さて、めでたく公布の運びとなった「ケンブリッジ大学規約」は、何年か後にわずかな改定が加えられ「アソシエイション規約」となった。

これを元に「試合の競技規則のために統一の規則を制定することを目的とした協会を創立する」ため、一八六三年十月、ロンドンのグレイト・クイーン通りにあったパブ「フリーメイソンズ・タヴァーン」で第一回会合が開かれ、「フットボール・アソシエイション【Football Association】」、つまり「ＦＡ」が発足したのである。

厳密な意味での「フットボール」の歴史はこのときに始まった。

ＦＡ――そう、ここにも（対ラグビー戦略の？）こだわりが銘記されているのがおわかりだろうか。「EFA」ではなく、単に「FA」！〝冠〟に「イングランド」が付いていないのである。

以後、今日に至っても、その「創始者」たる誇りは頑《かたく》ななまでに保たれている。

一方「ケンブリッジ規約」発起人グループとなった、名門四校のひとつ「ハロウ」の卒業生、ジョン・ウォルシュは、故郷のダーウェン市に帰り、いち早く「ケンブリッジ規約」を実践・普及すべく「ダーウェン・フットボールクラブ」を設立した。古い文献では、この「ダーウェンFC」をもって、英国史上初、すなわち世界初のフットボールチームの誕生としているが、あくまでも「アソシエイション規約」制定前。正式な〝初〟の名誉に与《あずか》るのは、「シェフィールド・フットボールクラブ」だ。

このダーウェン市は、マンチェスター市の北、ランカシャーのほぼ真ん中に位置している。また、アストン・ヴィラのバーミンガム市やシェフィールド市、あるいは創立当時の名称を持つという意味で最古のクラブ「ノッツ・カウンティー」のお膝《ひざ》下《もと》、ノッティンガム市は、ミッドランズと呼ばれるイングランド中部にある。

こうした、ランカシャーを含むミッドランズ以北の地方に、初期のクラブ、つまり伝統ある名門が多い理由の一つには、当時の「ケンブリッジ発起人」たちのほとんどがそれらの地方出身者であり、ウォルシュのように里帰りして積極的にクラブ設立を推進したからだと考えられる。

実はもう一つ、もっと切実な理由があった。そして、そこに密接に絡《から》んでくるのが、中世からの〝僚国《りょうこく》〟スコットランドの存在なのだ。

南北論争とプロ・アマ論争

競技としてのフットボールが実質的に全国レベルで始まったのは、一八七一年に遡《さかのぼ》る。フットボール・アソシエーション・カップ、すなわち「FAカップ」は、まさに世界初のトーナメントとして誕生した。ちなみに、一五チームが参加した第一回FAカップの記念すべき初代王者は、「シュロプシャー・ワンダラーズ」という。

当然のことながら、イングランドのクラブは世界最古の伝統を今日に引き継いでいる。ほとんどのクラブが一〇〇年以上の歴史を持っている。

ほとんどの大都市には複数のクラブが存在し、首都ロンドンともなると二部以下、ノンリーグまで入れると実に二〇近くのクラブが鎬《しのぎ》を削って（もちろんピンからキリまでのレベルに分散しているので、あくまで便宜《べんぎ》上）いる。

ちなみにノン・リーグとは、プレミアリーグを含む全国リーグ所属九二クラブ以外のすべてを総称する一般的呼称だ。

FAに加盟している三五〇強のクラブの他に、地方リーグに属する四万二千以上にも及ぶクラブには、世界的な歴史と伝統、限りない可能性が躍動し、眠っている。そのことが最も如実に味わえる象徴的なトーナメント、それが「FAカップ」だ。

その決勝の当日ともなるとイングランド全土が騒然と沸き立ち、FAカップを勝ち取ることは、ヨーロッパカップやワールドカップでの優勝よりも価値があるとすら広言する人も少なくない。

また、プロフットボーラーなら、出身国がどこであろうと（たとえ南米でも）、FAカップのファイナルでプレーする名誉に優《まさ》るものはないと明言してきたほどだ。

ただ、二十一世紀に入った頃辺りから、フットボール先進国ではこの手の純粋な勝ち抜き方式によるドメスティック・トーナメントが徐々に軽視されつつあるのも事実で、その〝アンチ・トーナメント〟派の意見を要約すると、「必ずしも実力が出せるとは限らない一発勝負の大会で優勝してもあまり価値はない」ということらしい。たまたま天候やグラウンド・コンディションが悪かったり、主力に故障があったり、リーグ戦など他の試合日程の関係で疲労が重なったりしていると、普通なら勝てる相手にも勝てないことが往々にしてある、ゆえにフェアじゃない、などと言いたいのだろうが、一言で片づけるなら〝つまらない言い訳〟にしか聞こえない。だいたい「フェア」という意味をはき違えている。このことについては、改めて第四章で触れたい。

さて、FAカップが始まった同じ年には、これまた世界初の国際対抗試合として、「イングランド 対 スコットランド戦」が、グラスゴウのハンプデン・パーク（スコットランドのナショナル・スタジアム）で行なわれている。結果は0―0の引き分けだった。

フットボールは、どこよりも早くスコットランドで普及していった。そのため、特に北部イングランドのクラブでは優秀なスコットランド人プレーヤーを〝雇って〟チーム強化を図っていた。そこで持ち上がったのが「プロ・アマ論争」である。

要するに、アマチュアリズムにこだわるロンドンを中心とする南部イングランドの富裕層（貴族階級中心）は、〝数〟の優位性をもって「報酬をもらってプレーしているプレーヤーのいるクラブの除名、撤廃」を主張した。

ちなみに一八八〇年代のはじめには、ＦＡの加盟数は一二八に増え、うち八〇がイングランド南部、四一が同北部、六がスコットランドに属していた。残る一チームはなんと遥《はる》か地球の裏側のオーストラリアにあったという（どうやってリーグ戦を維持していたのかは謎だ）。

重い腰をあげたＦＡの調査が始まったが、すべては疑惑のままで解明されることはなかった。

しかし、当時最強だった「プレストン・ノースエンド」がプロチームであると告発を受け、会長ウィリアム・スーデルがそれを認めた〝事件〟を境に、ＦＡの「現実を直視すべきだ」との提唱から南部にも徐々に柔軟な機運が生まれる。ついに一八八五年七月、フットボールのプロ化が正式に公認された。

記念すべき世界初のフットボールリーグが誕生したのは、その三年後の一八八八年で、初代チャンピオンに輝いたのは、プレストン・ノースエンドだった。プレストンは同年のＦＡカップも制して「ダブル」を達成している。

そして、このプレストンの主力九名は他ならぬスコットランド人だった！

ここまでが、フットボールがプロ化に辿《たど》り着くまでのざっとした経緯である。

南北論争とはプロ・アマ論争でもあったわけだ。

なし崩しに、あるいは成り行き任せにプロ化を進めていった《北》と、アマチュアリズムの砦《とりで》に立て籠《こ》もろうとした《南》の、対立と融合――。

それも、対立が解けて融合へ向かったのではなく、対立と融合というふたつの相反する図式は、そのままの綱引き状態で、今日にかなりの部分で引き継がれている。とはいえ、〝南北〟の交流はアイルランドも含めて恒常化し、フットボール人気は若者たちを中心に英国全土を巻き込んでいった。

その象徴的事件こそ、一九五〇年代末にマンチェスター・ユナイテッドを襲った

〝伝説的悲劇〟であり、さらにその約一〇年後にやってきた〝歴史的快挙〟なのである。

ただし、その前に是非とも〝解明〟しておきたい命題がある。「初代王者プレストンの主力九名はスコットランド人」の真相だ。

プレミアリーグ、あるいはイングリッシュ・フットボールの、何が特別なのかを語るに当たって、その「源泉」もしくは「実効的な原点に位置するもの」を否《いや》が応《おう》にも示唆するスコットランドの存在。

だとすると、〝母国〟の名にふさわしいのは、実はスコットランドではないのか？

第二章　異説——スコットランドこそ〝母国〟

ジキルとハイドの血を引く正統派

二十年来の友人で、ロンドン在住のスコットランド人がいる。ここでは便宜上、アリステアと呼んでおこう。

そのアリステアが教えてくれた中で最高に傑作なのは、「スコットランド人が経営しているロンドンの某パブの話」だ。

そのパブの壁一面には、有名なフットボーラーの写真パネルがずらりと飾られている。それぞれに付けられたキャプションは、「〇〇年度ワースト〝イングリッシュ〟フットボーラー」。なるほど、〝彼ら〟にとってはこれ以上の酒の肴《さかな》はめったにあるまい。

しかし、個人的にずっと気に入っているアリステアの薀蓄《うんちく》はといえば——「知ってたかい？　ジキル博士、またの名をハイド氏はエディンバラ（スコットランドの首都）生まれで、切り裂きジャックはドイツの血を引くイングランド人だったって話」。

前者はもちろん有名な小説の登場人物で、後者の素性はあくまでも〝可能性のある推測のひとつ〟にすぎないが、アリステアにかかると、これがスコットランドとイングランドのフットボール・スタイル（スピリット）の根本的な違いを解き明かす、深遠なる（?）カギになってしまうのである。
「パス&ラン」のスコットランドと「ドリブル&ロングボール」のイングランド——。

こんな風にカギかっこ付きで類型化してしまうと、今のファンにはかなり違和感があるかもしれないが、黎明期《れいめいき》、すなわち十九世紀末の頃は、これが異論のない両国の実態だったらしい。

「つまりだな、スコットランドは理詰《づ》めでサッカーの基本を推《お》し進めながら、突然人が変わったごとく、狡猾《こうかつ》に、かつ計算ずくで牙《きば》をむいて襲い掛かる。ところが、イングランド人は大ざっぱでこそこそしながら、それでいてこれみよがしの派手さを好むんだな」

以上の〝分析〟がどこまで説得力があるかはともかく、少なくとも当時は遙《はる》かに前者の方に分があった。なにしろ、これにはウムを言わせぬ歴史の真実がある。前章の末尾でも触れた「栄《は》えあるイングランドリーグの初代チャンピオン、プレストン・ノースエンドの主力のうち実に九名がスコットランドからの助っ人だった」という事実。

また、ロンドンの兵器工場労働者たちがチームを作ろうとしたとき、当時のスコットランド有数のスターを数名借り受け、ついでにボールまで拝借したという逸話もある。そして誕生したクラブが他でもない、現在の「アーセナル」の前身だ（アーセナルは「兵器工場」の意味）。

しかも、一説にはスコットランドの「パス&ラン」の伝統は十六世紀頃から続いているという。この世界で十六世紀といえば、ほとんど〝神話〟に近い。

そこで「真の〝母国〟はスコットランドなり」という異説が生まれ、かの地では密《ひそ》かに誇りにされているのだという。

「イングランドが母国だという根拠は、我々の祖先を出し抜いてさっさと統一ルールを作っちまったってことだけなのさ」

これぞ、あっけらかんと堅苦しい「形式主義」を揶揄《やゆ》するスコットランド人ならではのジョークの真骨頂《しんこっちょう》？　しかし、けっこう的《まと》を射ているのかもしれないのだ。

だが、そこでスコットランド人たちは、意地になって「うちが本当の母国だ」と論争したりする無様《ぶざま》な真似はしなかった。その代わりに要請があれば、〝どうしようもない〟イングランドでもどこでも駆けつけて、「サッカーってのはこうプレーするんだよ」とお手本を示すことに徹した。

つまり、〝身をもって〟真の母国の意義を伝えたというわけだ。

教えてきたのは、オレたちだ

フットボールを世界に伝播したのが英国人（のビジネスマンや船員）だというのは定説だが、〝サッカー大陸〟南米における伝道師たちのほとんどはスコットランド人だったらしい。

たとえば、その事実上の嚆矢《こうし》的人物に当たり、アルゼンチン・フットボールの初期の発展に多大な影響を与えたアレグザンダー・ワトソン・ハットンは、エディンバラ大学の卒業生だった。

ハットンは一八八二年にアルゼンチンのブエノスアイレスを訪れ、セント・アンドリューズ・スコッチ・スクールでしばらく働いた後、八四年に自らイングリッシュ・ハイスクールを開設した上で、「フットボールを教える専門教師」を雇い入れている。

また、初代ワールドカップ覇者・ウルグァイのサッカーが劇的に進歩したきっかけの一つといわれるエピソードに次のような証言がある。

「誰もがただボールを追いかけるだけのスポーツががらりと変わったのは、『ペニャロール』（ウルグァイの首都モンテヴィデオにある名門クラブ）にジョー・ハーリーというスコットランド人がやってきてからだ。彼が紹介したのはショートパススタイルというやつで、とにかくダイレクトでパスを交換する。これが効果抜群で以後の定番戦法になった」

当時、そのスタイルは「ラ・エスコセサ（スコティッシュ・スタイル）」と呼ばれたが、ハーリーはもうひとつ〝特別なもの〟を持ち込んだ。

「フェアプレー精神」である。

「あるとき、ペニャロールがPKをもらったんだが、キッカーを託《たく》されたハーリーはその判定が誤審だと思い、わざとゴールを外した。まるで、プレゼントなんかいらないよ、っていうがごとく」

その精神が今も脈々と……となると少々疑問は残るが、少なくとも南米諸国に「フットボールの何たるか」を〝実践的〟に教え、伝えたのがスコットランド人だったという説そのものは信用してよさそうだ。

その点、イングランド人が同様のオープンな貢献をしたという話はあまり聞かない。

ただ闇雲《やみくも》に類型的な気質を語るのは禁物だが、スコットランド人が折に触れて自慢するこんな〝事実〟もある。

スコットランドは、一九七四年から九〇年まで五大会連続で「ヨーロッパ予選を勝ち抜いて」ワールドカップ本大会に進出している。ブラジルやイタリア、ドイツと比べれば何ということはないが、ホスト開催や前回優勝で予選免除された経験が一度もない点が自慢の種なのだ。

一方のイングランドは、七四年、七八年と九四年の本大会出場を予選敗退で阻《はば》まれている。加えて、イングランドは現在に至るまでアウェイでの戦績がとんと良くない。「引きこもり、ってことかな」とスコットランド人なら茶化すかもしれない。

というわけで、スコットランドはなにかと開けっぴろげで、イングランド人はどちらかというと閉鎖的（出し惜《お》しみ？）傾向にある内弁慶……という、〝ちょっと強引な論法〟も成り立つ。

たとえば、一九七〇年代終盤の数年間、スコットランドのプロリーグでそこそこの成功を収めたクラブ「バーンバンク」は、なんとピノチェトの圧政を逃れてきたチリ難民主体の〝純・外国人チーム〟だった。

一方、少し遅れてロンドンにもチリ人やコロンビア人のチームができたが、あくまで日曜（草サッカー）リーグで汗を流す〝アマチュア〟の域を出ることはなかった。そして、この「プロとアマの縮図」は、英国フットボール史を遡《さかのぼ》るとき、「スコットランド対イングランド」の対立図式にもかなりダブッて見えてくるのである。

十九世紀末にプロリーグが誕生してしばらく経った頃でさえ、英国フットボール界は「プロ・アマ論争」で激しく揺れ、現実に分裂状態にあった。

ざっくりといえば、「スコットランド人を〝プロの傭兵《ようへい》〟として多数雇用していた」北部の強豪に、ロンドンを中心とする南部のクラブ連合が「ずるい、フェアじゃない」と文句を付けた——。いわゆる「南北論争」だが、所詮《しょせん》は「スコットランドという外国の力」に業《ごう》を煮やして、了見《りょうけん》の狭い純血主義をプライドだけは高いアマチュアリズムにすり替えたとも受けとれる。初期の頃は〝故国に近い〟土地にしか〝スコットランド人傭兵〟が居つかなかった事情もあったことだろう。

ここで再度〝アリステアの薀蓄〟を引用する。

「知ってるか？　ブリティッシュ・ミュージックの世界でプロデューサー、エンジニアといえば、そのほとんどがスコット（スコットランド出身者）なんだな、これが」

確かに成功したアーティスト、グループの数なら圧倒的にイングランドに軍配が上がるが、それを世に送り出し、支えてきたのは〝オレたち〟なんだ、というのである。

もし事実なら、「パス＆ラン」の基本を確立して実践し、かつ〝外〟へ積極的に広めたスコットランドと、（その恩恵も手伝って）派手なパフォーマンスを好む唯我独尊《ゆいがどくそん》のイングランド、という相互関係が、より現実味を帯びてくるではないか。

そもそも、英国産ポップグループのほとんどがそのルーツを「ケルト」に持っているとはよくいわれる話だ。

いわく、スコットランド人は元々アイルランド島に追いやられたケルト人の一派。そこに「アマチュアのパフォーマーをプロに仕立て上げるのが上手いスコットランド人」とくれば、本質的なプロ志向（スキル）がどこにあるのかが見えてくる。

そういえば、過去に名実共に伝説の名将と称された監督で、すぐ思い出すのはスコットランド人ばかりだ。マット・バズビー、ビル・シャンクリー、そして現代のアレックス・ファーガソン……。

ビートルズを売り出したブライアン・エプスタインも「実はユダヤ系スコットランド人だったんじゃないか？」というジョークが〝どこかから〟聞こえてきそうだ。

ナショナリズム——価値観と美徳の差

かくして、スコットランド人は「真のプロたる矜持《きょうじ》と底力」に基づく密かなる優位意識を証明すべく、何にもまして「打倒イングランド」を自らのアイデンティティーとして位置づけ、それをまた〝ひねったジョークのネタ〟にさえしてきた。

そのココロは、「実はイングランドなんて目じゃないぜ」——。

ある「セルティック」ファンが、グラスゴウの街中でばったり出遭《であ》ったロイ・キーン（当時はマンチェスター・ユナイテッドに在籍。後にキャリアをセルティックで終える）

に声をかけた。

「よおキーノ、まだビッグクラブでやる度胸はないのか？」

キーンが「もうビッグクラブでやってるつもりだが」といなすと、「ふん、セルティック以外にビッグクラブなんてあるのかね」。


少なくとも、この両名にとって、それはジョークでありかつ〝真実〟でもある。なにしろ、セルティックが背負う十字架とは、歴史の彼方でアングロサクソンに蹂《じゅう》躙《りん》し尽くされてきたケルトの苦難と復興なのである。一筋縄《ひとすじなわ》ではいかない骨太なナショナリズムなのだ。そんなクラブ以上にビッグなものがあるだろうか。

今は無き「ホーム・インタナショナル」——年に一度のイングランド、スコットランド、ウェールズ、北アイルランド限定の四カ国対抗——は、ある意味でワールドカップよりも重要なイベントだった。

より明け透《あ》《す》けに言いかえるなら、恒例の〝打倒イングランドショウ〟。実力がものをいうとは限らない、いや、スコットランド人に言わせれば〝真の実力が試される〟

特殊な亜空間のようなものである。残り三カ国にとっては、イングランドに煮え湯を飲ませるかそれに近い善戦を演じられれば、フェロー諸島やサンマリノに負けたってかまやしないのだ?!

プレミアリーグを外国人天国に変える契機となった「ユーロ96」(九六年ヨーロッパ選手権)のハイライトは、誰が何と言おうと、七年ぶりに実現した「バトル・オヴ・ブリテン」――イングランド対スコットランドの一戦――だった。

結果は、〝愛すべき悪童〟ポール・ガスコインの大活躍などで、イングランドが2―0で勝利した。しかし、スコットランド人がこの試合を見ると、見方も違ってくる。

アリステアの〝感動の記憶〟をリプレイしよう。

「あのとき英国民が真に胸を詰まらせたシーンとは、七年ぶりの〝友情〟からちょっとした義侠心《ぎきょう》に燃えたかのようにイングランドがオランダを圧倒していたちょうど同じ頃、スイス相手に悲壮な熱闘を演じていた我が〝ターたン・アーミー〟のスピリットだったんだ」

ここでいう〝友情〟や〝義侠心〟とは、苦戦の末にねじ伏せたタータン・アーミー（スコットランド代表の愛称）の迫力に感極まったスリー・ライオンズ（イングランド代表の愛称）が、「共にリーグ突破を誓い合った」という美談のことらしい（アリステアいわく、グループ突破をオランダと争っていたスコットランドを得失点差で有利にしてやるために、イングランドがオランダ戦で大量4点を取ったことを指している。ただしスコットランドは、得失点差で並んだが得点差で及ばず、突破できなかった）。

しかし、もしバトル・オヴ・ブリテン〟の結果が逆だったら？（スコットランドがイングランドに勝っていたら？）

イングランド人は屈辱の闇でいつまでもくよくよ嘆くだけだったかもしれない。へたをすれば、一時的なヤケのフーリガニズムで憂《う》さを晴らしたかも。実際に「負けてさばさば、むしろ胸のすく思い」で意気揚々と北に帰っていったスコットランドサポーターほど、鷹揚《おうよう》な気分にはなれなかったに違いない。

そこに価値観と美徳の差が見えてこないだろうか。

「勝たねば許されぬ」ガチガチの使命感で冷や汗ぐっしょりのイングランドと、「勝負を超えたスリル」（と浴びるほどの酒）に酔ってあっけらかんと肩を抱き合えるスコットランド。この違いは果たしてどこから来ているのか。

いつかスコットランドに花が咲く

要するに、お互いに〝異なる民族〟なのである。〝先住〟のケルトと〝移民〟のアングロサクソン。しかも後者は、ローマ帝国支配とノルマン（フランス北部）人の〝英国王室乗っ取り〟などで、簡単に割り切れない複雑な血の背景を持っている。

そのせいか、某人類学者に言わせれば、「（我が同胞の）イングランド人は、無意識に民族的アイデンティティーの欠如というコンプレックスを引き摺《ず》っている」らしい。

だから「何かとプライドにこだわり、心配性で、もってまわった切り返しやジョークの技巧を身につけた」とは、我らがアリステアの実《まこと》しやかな分析である。

そこまで決めつけずとも、スコットランド人と比べれば如実に違いが（住んでみればもっとよく）わかる。いわば「soil《ソイル》（土）が違う」のだ。

風土はまさに目に見えて違う。国土全体がなだらかな丘陵地といってよいイングランドと、秘境同然の景勝地を数多く持つ起伏に富んだスコットランド。当然、気候の変化もかなり違う。人の暮らし方に与える影響も違う。そうなれば、スコットランド人の細事にこだわらない大らかなキャラもごく自然に想像できるだろう。そして、その〝反対〟も。

映画『デイ・アフター・トゥモロウ【Day After Tomorrow】』の末尾、合衆国臨時大統領の感動的な声明の中で、メキシコの地を「different soil」（異なる土地）と呼ぶくだりがあったように、「soil」とは「民族が異なる国家」のことでもある。

そしてスコットランドは、経済的にイングランドに寄りかからざるを得ない事情はともかく、今や特別独立政府を持つ事実上の「独立国家」なのだ。これは長年の〝独立運動〟が一歩前進の形で実現した成果というべきだろう。

そもそも、古の時代から民族的アイデンティティーの象徴たる守護聖人にちなんだ国旗、青地に白のクロスの「セント・アンドリュー旗」を誇らしく掲げてきたにもかかわらず、国歌の方はいまだに宗主国の〝持ち歌〟を押しつけられたままなのだ。

事実、代表ゲームの開始前セレモニーで、イングランド国歌である『女王陛下万歳【God Save The Queen】』が流されるたび、サポーターは声を限りのブーイングでもって抗議の姿勢を示してきたほどである。

そこで、せめて「セント・アンドリュー旗」を掲げるスポーツイベントくらいは、というわけで、一九九〇年代以降にラグビーやフットボール（九七年以降）などでナショナルアンセムとして取り入れられた〝準スコットランド国歌〟が、なんとも〝この国のsoil〟にふさわしい『スコットランドの花【Flower of Scotland】』だ。

古くから親しまれてきたフォークソングの一つ（一九六五年にフォークグループ「コリーズ」【The Corries】のロイ・ウィリアムソンが作曲。発表は六七年）だが、タイトルからしてまさに、政治的な国境を超越した「人々の実りある土地」をずばりイメージさせて、優しく、かつ、伸びやかな響きがあるではないか。

一方のイングランド国歌が、重々しい威厳そのままに「絶対君主への忠誠」につながる宗教歌然としているから、よけいにその素朴な力強さが強調されて伝わってくる。

なお実際の歌詞は、一三一四年『バノックバーンの戦い』でエドワード二世率いるイングランド軍を打ち負かした喜びを歌ったもので、まるで〝打倒イングランド〟に特化されたような讃歌だ。いや、それも狙いのうちにあったのかもしれない。

アリステアはいう。

「いくら踏みつけられたってへこたれずにいつかまた美しい花を咲かせる。そう、世界に種を播《ま》いたのは、そもそもがスコットランドだったんだってことかな」

以上の〝説話〟からでは、何をどう結論づけることなど、もとよりできない。だが、たぶんそれでいいのだ。しいて〝解明〟するなら、スコットランドこそが〝母〟で、イングランドは面子にこだわる威厳ぶった〝父〟といったところだろうか。

いずれにせよ、黎明《れいめい》期のイングランドは大いにスコットランドからの恩恵をこうむってきた。だからこそ、世界初のリーグは《北》で起こったのである。

その辺りの事情を、まさに劇的な形で体現した〝伝説の組織〟がある。

伝説のアマチュアクラブ〝コリンシァンズ〟

時は一八八八年のイングランドリーグ発足から、ざっと六年前――。

首都ロンドンは、その記念すべき〝祝祭の船出〟に乗り遅れた。もとい、スポーツとしてあるべきアマチュアリズムを堅持する理想に則《のっと》って、自ら背を向けた。

しかし、その頑《かたく》なで誇り高い孤立は、然るべくしてある伝説のクラブを生み出すことになった。その名を「コリンシァンFC」、通称〝コリンシァンズ〟という。

記録によるとその創立年度は一八八二年。発案者はイングランド協会事務局長補佐のN・レイン・ジャクソン。その主たる意図は「実力優位のスコットランド代表と互角以上に戦えるチーム養成」だったが、同時に「崇高なるアマチュアリズムを汚しつつある《北》のクラブへの挑戦」でもあったようだ。

それは、新約聖書の書簡に登場する「敬虔《けいけん》でとみに道徳心の強いコリント人たち」

を、そのままクラブの通称に取り入れたことからも明らかだろう。

かくして結成されたコリンシァンズは、時を置かずイングランド代表チームに多数の精鋭を送り込む一方で、普段の活動ではあくまでも他のアマチュアチームのみと試合を行ない、FAカップ参加やリーグ加入を頑《がん》として拒んだ。実質的なプロチームと戦う場合も、あくまでもチャリティーマッチとして承諾したという。

コリンシァンズの圧倒的な実力と名声のほどは、数々の事実と伝説の狭間《はざま》で語られてきた。ここでは、そのいくつか代表的なものをご紹介しておこう。

・一八八四年、FAカップで優勝したばかりのブラックバーンに8―1で勝利。
・一九〇三年、FAカップで優勝したばかりのベリーに10―3で勝利。
・一九〇四年、ニュートン・ヒースから改称したばかりのマンチェスター・ユナイテッドと対戦。このときユナイテッドは史上最悪の大敗（11―3）を喫した。
・スペインツアーで対戦したレアル・マドリードは、コリンシァンズの気高いまでの強さに感銘、以後コリンシァンズのシンボル「白いシャツ」を自らのトレードカラーとした。

・ブラジル遠征でも大いに感銘を与え、対戦したあるクラブは直ちに「スポーツクラブ・コリンシァンズ・パウリスタ」（通称『コリンチャンス』）と改称した。

・公開練習は一切せず、チーム全メンバーが合流するのは試合当日のみという〝鉄の掟《おきて》〟を守り抜いた。

・ペナルティーキック導入後まもない頃、これを「勝負にふさわしからぬ哀れなルール」と抗議してキーパーを退場させ、相手キッカーが無人のゴールに蹴り入れる様子を悠然《ゆうぜん》と見守った（同試合、コリンシァンズは逆転で大勝した）。

最初から五つはすべて、れっきとした事実である。最後の二つについては、果たして事実だったかどうかを証明する明確な資料はない。だが、時代背景を考えれば十分に有り得た〝威厳の示し方〟であろう。

第一次大戦以降は、さしものコリンシァンズもＦＡカップ参戦など軟化路線に転じ、そのまま次第に光を失って、一九三九年にその名も「カジュアルズ」というアマチュアチームに吸収され、事実上その歴史を閉じた。

おそらくは、その時点で「対スコットランド」「反プロフェッショナリズム」の〝使命〟も全《まっと》うできたと判断されたのかもしれない。

第三章　１９６６の奇跡

リヴァプールも、チェルシーもなかった時代

世界初のフットボールリーグは一八八八年、一二チーム構成で産声《うぶごえ》を上げている。記念すべきその「ファウンダー（創立）メンバー」、すなわち〝正真正銘《しょうしんしょうめい》〟の初期の強豪クラブは次のとおり（アルファベット順）。

アクリントン（一九七〇年代半ばに消滅）
アストン・ヴィラ
ブラックバーン・ローヴァーズ
ボルトン・ワンダラーズ
バーンリー
ダービー・カウンティー
エヴァートン
ノッツ・カウンティー
プレストン・ノースエンド

ストーク・シティー
ウェスト・ブロムウィッチ・アルビオン
ウルヴァーハンプトン・ワンダラーズ

わざわざこうして箇条書きにして取り上げたのは、おなじみ「アーセナル」「チェルシー」、あるいは、〝スパーズ〟こと「トテナム・ホットスパー」ら現代有数の強豪を含むロンドンのチームが一つも入っていないことを再確認していただくためだ。

昨二〇一一―一二シーズンのプレミアリーグで、最後の最後まで激しく優勝を争ったマンチェスターの両雄（「ユナイテッド」と「シティー」）にしても、このときそれぞれ「ニュートン・ヒース」「アードウィック」というクラブ名を掲げ、実力的にはまだ〝二線級〟とみなされていた。もう一つの名門「リヴァプール」は、チェルシー同様、誕生すらしていない。

ちなみに、リヴァプールとチェルシーはそれぞれ、「エヴァートン」「フルアム」から枝分かれする形で近隣地区にて結成された後発クラブだ。

改めて創立一二チームの出所をおさらいしてみると、すべて中部以北【Midlands and North】であり、特にランカシャーとバーミンガム市およびその近隣地域に集中しているのがわかる。創設の発起人兼世話人は、当時アストン・ヴィラの理事のひとりだったウィリアム・マグレガーという人物である。

同じ年、ロンドンでは、八月末からの約二カ月間にイーストエンドはホワイト・チャペル通り界隈《かいわい》で五名の娼婦を惨殺した、伝説のシリアルキラー「切り裂きジャック」の話題で持ちきりだった。

もちろん、だからといって「フットボールどころではなかった」という話ではない。第一章で触れたように、すべてはアマチュアリズムを巡る論争に基づく《北》と《南》の断絶のなせるわざ――。

つまりは、このスポーツがまず《北》で定例化し、二部制、三部制が導入される過程で、徐々に《南》を取り込んでいったということである。「《北》が先導し、《南》が追随した」――この図式をまず頭の中にとどめておいていただきたい。

「バズビー・ベイブズ」の輝き

時は流れて、第二次大戦終結から五年後の一九五〇年――。

フットボール史において、この「一九五〇年」はきわめて重要な意味をもっている。正確には「五〇年代」というべきなのだが、その出発点になるこの年、今をときめくマンチェスター・ユナイテッドで、画期的なシステムが緒についたからだ。

戦争はユナイテッドにも大きな傷跡を残した。マンチェスター市を襲ったドイツ軍の空爆によって、ホーム「オールド・トラッフォード【Old Trafford】」のメインスタンドがほぼ全壊してしまったのである。

この逆境を乗り越えるべく、連合軍の勝利が確定してまもなく、ユナイテッドの名物理事ルイス・ロッカはある秘策を実行に移す。それこそ、後に「フットボール史上最高の名将」と謳《うた》われることになるマット・バズビー【Matt Busby】の招聘《しょうへい》だった。

一九五〇年六月十三日、長らく病床にあった、そのルイス・ロッカが他界する。四〇年以上にわたってクラブに心血を注ぎ続けた重鎮の死に報いようと、バズビーはスカウティング業務の〝専門化〟を思い立つ。それまでのスカウティングはといえば、どこのクラブでもついぞ場当たり的でしかなかったのだ。

かくして、ジョー・アームストロングなる人物が専任のリクルート管理責任者に任命され、直ちに全国を網羅する〝スカウティング・ネットワーク〟の整備が進められた。かつてない壮大な構想だった。ましてや、国中が戦禍からの復興を持て余してぁくせくしていた混乱期の話である。

このシステムは現在も変わることなく同クラブに引き継がれているが、ある歴史家は「このとき新たな歴史が幕を開けた」と述べている。

すなわち、五〇年代こそ、フットボール界が新しい時代に乗り出し、今日の隆盛につながる〝土台〟が築《きず》かれた「かけがえのない一〇年間」だったというわけだ。

では、その土台とは具体的に何を指しているのか——。

アームストロングの〝スパイ網〟が、時を置かず英国圏全土から選《よ》り抜きの若き期待の星の情報をもたらし始めた翌一九五一年、まるでこの〝新時代の幕開け〟を祝うかのように、あるフットボール専門誌が創刊された。その名を『チャールズ・バカンのフットボール・マンスリー』という。

チャールズ・バカン【Charles Buchan】はひとかどの人物だった。わかりやすくいうならば「インテリ・フットボーラーの魁《さきがけ》」だった。

プレーヤー時代はイングランド代表に選出されたほどの名手であり、ロンドンのアーセナルからノースイースト（北東部）のサンダランドに移って全盛期を送った。キャリア終盤に里帰りしたアーセナルでは、高名な「ハーバート・チャップマンのWMシステム」の具現者であり、リーダーとして、この画期的フォーメーションの推進役となったことで知られている。

現役引退後はジャーナリストに転身、コーチング・マニュアルを執筆し、BBCテレビのマッチコメンテイターとしても才能を発揮した。

そんな才人が腕によりをかけて世に出した『フットボール・マンスリー』誌は、当時としては革命的なページ構成で、このスポーツの認知度を飛躍的に高めたのである。その意味で、同誌はまさに〝新時代〟を切り開くカルチャー・エンジンの役割を果たした。

最大のウリは、ずばり「プレーヤーたちのカラー写真」だった。

二十一世紀に生きる我々にはピンとこないだろうが、大戦後のうんざりするような耐乏生活を余儀なくされていた人々、特に若者たちの目に、その色鮮やかなポートレイト群は、とてつもなく生き生きと、かつ、ハリウッドスター張りに優雅でカッコよく映った。

なかでも、ひときわ目立っていたのが「赤」だった。つまり、他のどのクラブの同輩たちよりも頻繁《ひんぱん》に取り上げられたのが、マンチェスター・ユナイテッドのプレーヤーだったのだ。なぜなら、彼らが飛び抜けて「若かった」から。およそ鬱陶《うっとう》しいほどに「夢も希望もない」この時代、若さは別して憧れの対象だった。

いうまでもなく、彼らはバズビー肝《きも》いりのスカウティング・ネットワークが次々に発掘し、新生ユナイテッドの「期待の星」として駆《か》り集められた少年たちである。

〝彼ら〟はまた、自由闊達《かったつ》で、屈託《くったく》がなく、どきっとするほど〝今風〟にファッショナブルだった。リージェントスタイルの髪型にキャップスリーブのTシャツ、ランバージャケットに裾《すそ》をたっぷり巻き上げたジーンズは、それまでの汗臭いくせに分別めかした〝大人のフットボーラー〟たちを、あっさり駆逐してしまうシンボルアイテムだった。

そして、人は彼らを「バズビー・ベイブズ」と呼んだ。

むろん『フットボール・マンスリー』の巻頭ピンナップスターだった頃の「ベイブズ」は、まだその大半が〝二軍〟暮らしであって、大人たちをピッチから押しのけていたわけではない。

五〇年代が〝運命の大詰《づ》め〟に差しかかるまでの「ベイブズ」の主な活躍舞台は、当時ミッドウィークの夜間に行なわれていたユースレベルの全国トーナメント「FAユースカップ」だった。

信じ難い記録が残っている。ある試合の最終スコア、なんと「23—0」。もちろん勝者は「ベイブズ」である。相手は〝名もない地方クラブ〟ではあったが、一九五三年の同カップ決勝では、トップチームが当時イングランド最強の名を恣《ほしいまま》にしていたウルヴズのユースチームを7—1で撃破している。

以後、足かけ六年間、ひたすら勝ちつづけた「ベイブズ」は、結局「四一戦無敗」

の大記録とともに同カップ五連覇を成し遂げた。

そんな〝とんでもないキッズ〟が、次第にトップチームのレギュラーをも兼務することになるのは必然のなりゆきだったろう。

そして、気がつけばトップチームにおける彼ら（いつの間にか、誰が呼んだか「レッド・デヴィルズ」というニックネームが「ベイブズ」よりも好まれるようになっていた。以後この「レッド・デヴィルズ」は、ユナイテッドの公式マスコットネームとなる）の比率が、ベテランたちのそれをすっかり上回っていた五〇年代半ば過ぎ、ユナイテッドは圧倒的な大差でリーグを二連覇する。

まさに、はちきれんばかりに若く、才能に満ち溢れたチームだった。なにしろ、チーム最年長のキャプテン、ロジャー・バーンですら二十三歳だったのだから。

誰もが「無敵の黄金時代」を予感した。そう、そうなるはずだった――。

詳しくは第八章で述べるが、一九五八年二月六日、もしもあの、世にいう「ミュンヘンの悲劇」が起きなかったなら、レッド・デヴィルズはその前後から少なくとも向こう一〇年間、現在のアレックス・ファーガソン時代をも凌《しの》ぐ〝絶対王権〟を敷いて我が世の春を謳歌していたに違いない。

しかし、そうはならなかった——。

そして、マンチェスター市のみならず、英国全土の「フットボール・マンスリーを通して〝アイドル〟ベイブズの追っかけをしていた」ファンたちが、ミュンヘンで起きた事故で再び夢と希望を失った、その先にやってきたもの——それは、六〇年代の声を聞いてまもなくふつふつと芽吹《めぶ》き、一九六五年に突如として世界に発信されることになった一大ブーム。

舞台は、「《北》が先導し、《南》が追随する」がごとく、ロンドンだった。

スウィングする「1966の奇跡」

一九六五年、高名なファッション・ジャーナリストで、当時『ヴォーグ』誌の編集長だったダイアナ・フリーラントは、「ロンドンは、今世界で最も〝スウィング〟している都市だ」と述べた。同じ年、アメリカのカントリーミュージックシンガー、ロジャー・ミラーの歌う『England Swings』が、大西洋を股にかけてヒットした。翌一九六六年四月十五日発行の『タイム』誌は、「スウィンギング・ロンドン」を大特集した。

いわく「五〇年代を通じて倹約主義を強いられた第二次大戦後の鬱屈に対する反動として、ロンドンはカーナビー・ストリートを中心に花開いた野放図《のほうず》な若者文化」は、やや拡大解釈された形で「スウィンギング・シックスティーズ」と呼ばれた。

そもそもはファッション（衣料やアクセサリー）の新しい提案に発したもので、それに同調して先鋭を気どる若者たちが自由に拡大解釈した世界だったともいえる。ミニスカートを生みだしたデザインブランドのメアリー・クウォント、世界初のスーパーモデルで六〇年代の顔といわれたジーン・シュリンプトン、〝モッドの女王〟トゥイッギーなどが一世を風靡《ふうび》した時代だ。

当時、ジャーナリストのクリストファー・ブッカーは、自ら創刊した社会風刺雑誌『プライヴェイト・アイ』に、「まるで誰もかもがバブルの真っただ中にいるかのようだった。しかしてその内実は、奇をてらうだけの安っぽい、自己中心的で、およそぞっとしないものでしかなかった」と書いている。

この口上にそのまま当てはまるキャラが、当時英国で一大ブームを巻き起こしたアダム・ディメント作コミカルスパイ小説の主人公、「かっこつけた長髪をなびかせ、マリファナを吸いながらカーナビー・ストリートに出没するブリティッシュ・スパイ」——フィリップ・マッカルパインである。

もしブッカーのいうとおり、フィリップ・マッカルパインがジェイムズ・ボンドに対するアイロニーだったとすれば、それは、ミュンヘンに散ったバズビー・ベイブズへの「哀悼と（彼らが伝説となったことへの）嫉妬心」が、厭世的《えんせい》で派手好みの享楽主義へとトゥイストされ、置きかえられたもの——つまりは、反動の産物だったとはいえないだろうか。

たとえば、当時のポップ音楽シーンを先導したビートルズの出自が、ユナイテッドの永遠の宿敵リヴァプールFCのお膝下《ひざもと》だったことすら、妙に暗示的に思えてくる。

また、〝ファブ4（ビートルズ）〟の成功に触発されたローリング・ストーンズ、ザ・フー、キンクス、スモール・フェイセズから、ジミ・ヘンドリックス、クリーム、ピンク・フロイドら、六〇年代のミュージック・アイコンたちの〝成したもの〟

には、総じて、世をすねた生き様の求道的野心すら見え隠れする。

果たして、この時代以降、実質的には七〇年代後半から、ロック&ポップスターたちは、それが世の習いとばかりにフットボールとリンクする、あるいは語られるようになる。ロッド・スチュアート、エルトン・ジョン、ミック・ジャガー、さらにはバニー&エコーメン、シンプリーレッド、そしてOASIS、などなど。

そう考えていくと、一九六六年に巡ってきた「ワールドカップ・イングランド大会」は、現実と虚構が奇跡的に融合した稀有《けう》なイベントのように思えてくるのだ。

ゆえに、ホスト国の〝約束された優勝〟があり、決勝の西ドイツ(当時)戦では、イングランドのフォワード、ジェフ・ハーストによる〝疑惑の決勝ゴール〟があり、準々決勝のアルゼンチン戦に発した〝以後の両国の確執〟があり……。

衛星放送による中継が一般化する前の最後のワールドカップだったこと、途中交代制度やイエロー&レッドカードの導入一歩手前だったことも、この大会で、ホスト国のイングランドが優勝を果たすという〝奇跡〟を暗示する要因ではなかったか。

当時のFIFA会長がイングランド人のスタンリー・ラウスだったことも、忘れてはならない重要なピースである。

そして、〝融合〟の真の完結はその二年後にやってきた。

「ミュンヘンの悲劇」からきっかり一〇年後の一九六八年五月、ロンドンはウェンブリー・スタジアムに、ポルトガルの強豪ベンフィカを迎えたマンチェスター・ユナイテッドは、悲願の「チャンピオンズカップ」（欧州クラブ世界一決定トーナメント。現在の「チャンピオンズ・リーグ」の前身）を高々と掲《かか》げたのである。

その最大のヒーローこそ、二年前のウェンブリー決戦（一九六六年、西ドイツとのワールドカップ決勝戦）でもそうであったように、数少ない「ミュンヘン」の生き残りの一人、ボビー・チャールトン【Bobby Charlton】だった。

後にチャールトンは、このときの感激とミュンヘンに散った亡きチームメイトたちへの鎮魂の意を込めて、ユナイテッドのホーム「オールド・トラッフォード」に「夢の劇場、シアター・オヴ・ドリームズ」なる〝尊称〟を授けている。

イングランド最北端に近い町アシントンに生まれ、バズビー・ベイブズきっての優等生だったチャールトンは、六〇年代末にロンドンの聖地で二度にわたって国民的勝利の英雄となった功績をもって「ミスター・イングランド」の称号を授けられ、後にエリザベス二世より叙勲を受けて「ナイト」に列するまでになった。

ならば、《北》と《南》はついに、ボビー・チャールトンという人格の中でひとまずの融合を見たといえるのかもしれない。


余談になるが〝奇跡の一九六六年〟はもう一つ、思わぬ副産物をもたらしている。のちに優勝するイングランドがアルゼンチンを1―0で下した準々決勝が終わり、自家用車でウェンブリーを後にした大会審判長ケン・アストンはひとしきり思い悩んでいた。この試合中、ドイツ人主審がアルゼンチンのキャプテン、アントニオ・ラティンに退場を宣告したが、執拗に抗議するラティンはまるで言うことを聞かない。たまらずグラウンドに駆け入ってラティンの説得を試みたアストンだったが、学生時代にかじった程度のスペイン語ではほとんど役に立たず、ほとほと困り抜いた。

「レフェリーがプレーヤーと同じ言語を話さなくても、はっきりと言いたいことを

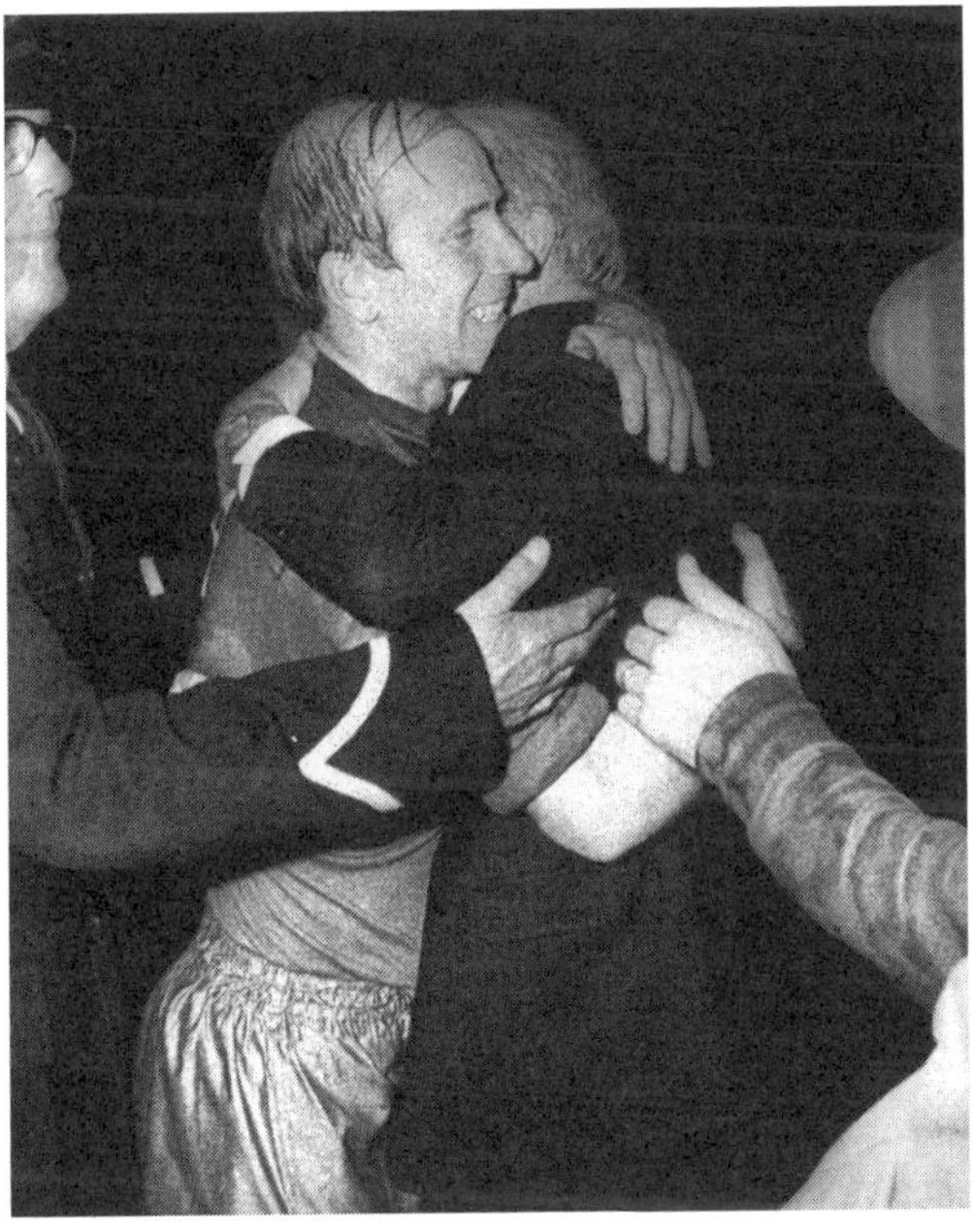

1968年、マンチェスター・ユナイテッドは、ついに欧州クラブの頂点に立つ。喜び合うボビー・チャールトン（左）とマット・バズビー監督。©TopFoto／アフロ

伝えられる方法がないものか」

そのときである。交差点で停止してぼんやりと見上げたアストンの目に、信号機の三色が飛び込んできた。

「これだ！」

かくして、アストンが考案したイエロー&レッドカードは、四年後のメキシコ・ワールドカップでデビューすることになった。

なお、それがイングランドのリーグ戦に導入されたのは、それからさらに六年後の一九七六年になってからである。その後も「審判がカードをむやみに出しすぎる」というプレーヤーからの苦情で、八一年から八七年まで使用が見合わされていたという。なるほど、少なくとも当時のイングランドなら「言語の違いによるすれ違い」などめったに起こらなかっただろうから。

第四章　ザ・ヒューマン・ファクター

すべては「フィジカル」から始まった

「スピード」と「フィジカル」は、イングリッシュ（ブリティッシュ）・フットボールを端的に形容する特徴、あるいはそのスタイルを要約する際のキーワードとして、古くからたびたび引き合いに出されてきた。

時と場合によっては「それ以外にさしたる取り柄《え》はない」とまで揶揄《やゆ》され、たとえばひと昔前なら「カルチョ」と呼ばれるイタリアン・サッカー――もともとは英国人貿易商や船乗りたちの〝現地クラブ活動〟から発展した――に対する、いわばひきたて役のような扱われ方をされたものである。

ただし、我々が「フィジカルなプレー」や「フィジカルなサッカー」というとき、そこには果たして正しい共通認識のようなものがあるのだろうか。

そもそも「フィジカル」とは何なのか。辞書には次のような訳語が書かれている。

1. 「ありのままの、物質的な」
2. 「身体の、肉体の」（⇕「精神的な」＝メンタル）

3．「乱暴な」

これらの意味を〝包括〟してみると、次のような説明ができるのかもしれない。

「イングリッシュ（ブリティッシュ）・フットボールに特徴的なスタイル『フィジカル』とは、ありのままの肉体的強さを主張することであり、必然的に荒っぽいプレーが目立つことになる」

なるほど、「モブ・ゲーム」の伝統があるからには「荒っぽい」のも当然だが、いやむしろ、そんな国から世界に伝播していったわけだから、フットボールとはそもそももがそういうスポーツなのだ。

つまるところ、「フィジカル」とは「フィジカル・ストレングス」（「肉体的な強さ」）の後半部分を省略したものであり、いわゆる「当たりが強い」プレースタイルを指す一種の慣用語として使われるようになったということだろう。

少々比喩的な物言いをするなら、イングランドのアスリートは、「メンタル的にフィジカル」なのだ。あるいは、民族的なメンタリティーの上で「フィジカルに頼る傾向にある」といえるかもしれない。

一方、〝教え子〟たち、特にラテン諸国にて、このスポーツに習熟していったプレーヤーたちは、優位性を振りかざす〝母国〟に対抗するため、そしておそらくは彼ら自身の民族性に基づく好みから、次第によりテクニカルなボールコントロール技術を駆使するスタイルに傾いていった。

すなわち、「フィジカル」が原点にあり、それに飽き足らない、あるいは馴染《なじ》めない〝異邦人〟らの工夫が施《ほどこ》され、撚《よ》り合わさっていった末に、フットボールは類を見ない規模の「グローバルスポーツ」としての発展を遂《と》げてきたのである。

そして、それはいつか回り回って、さまざまな「戦術論」とその「優劣分析」に行き着く。

〝シンプル〟に観戦する醍醐味《だいごみ》

いわゆる戦術やその分析は、〝フットボール通〟なる人々にとって避けては通れないメインテーマとなってきた。一般的なファンも、「よりマニアックな楽しみ方」の拠《よ》り所として、ごく当たり前のことのように「戦術論議」を受け止め、取り込んできた感がある。

しかし、一方では「ピッチを模した盤面に将棋の駒よろしくプレーヤーを配置し、その動きを事細かに追いかけて、良いの悪いのと、もったいつけながら解説」する作業に辟易《へきえき》としている、早い話がつまらない、と感じる声も少なくないのである。

そんな説明がましいコンテクストからフットボールをとらえてしまっている既成概念のようなものが、このグローバルスポーツを純粋に楽しめない、ひとつの〝壁〟になってはいないか、という話だ。

この世界では、いかに優《すぐ》れた「戦術らしきもの」がそこに現われようと、それをファンが望まない場合には排除されるケースが少なくない。言いかえれば、ファンにとっては「我がクラブらしい〝戦術〟で戦ってこそ」勝利の意味があるのだ。

この場合の〝戦術〟とは、「4―4―2」のフォーメーションを「4―2―3―1」に変えるだとか、「ゾーンプレス」だとか、「2ボランチ」だとかの、記者がもっともらしく記事を書くのに都合のいい〝専門用語集〟の類《たぐい》ではない。あるいは、監督志願者が自分を売り込む際に端的に表現する〝キャッチフレーズ集〟の類でもない。どちらが良い悪いは別の話である。

イングランドでは、それをよく「キャラクター」ないしは「ハート」という表現に置きかえて語られる。

つまり、どんなに理に適《かな》った戦術でも、その理屈を有機的に紡《つむ》ぎ合わせるのは実際にピッチにいるプレーヤーたち次第であり、ピッチ上のイレブンが瞬間的な判断やひらめきを駆使し積み重ねていく過程こそが〝戦術〟なのだ。〝戦術〟とは、実戦のピッチの上で生まれ、磨かれていくものなのだ。

そうして積み重ねられていく過程がいつしか、チームそのものの「キャラクター」に転化し、「ハート」に昇華し、やがて「伝統」になる。

この思想は、少なくともイングランドやスコットランドのチームのほとんどに、今も息づいている。

ファンは評論家ではない。それに、理論の上で「戦術、戦術」といっても、実際の試合はごくシンプルで、バリエーションもさほど多いとは思えない。

そして何よりも、理屈っぽい戦術論など忘れてしまうようなゲームの方が圧倒的におもしろい。勝ち負けは脇に置いて、ゲーム後に「ああ、いい試合だった、いいチームだ」と、思わず叫んでしまう感動に優《まさ》るものはない。

少なくとも、観衆の立場からすれば、そのときどきで、とにかく点を取ろうと前向きになっているか、ひたすら失点を防ぐ姿勢に重点を置いているか、どちらかの区別が見てとれればそれで十分なはずなのである。

しかもこの二つの〝戦術志向〟は、試合展開の中で必要に応じて使い分けられてこそのものだ。その機微、ターニングポイントを見極めるだけでも、それこそマニアックで奥深い楽しみ方を実感できるはずである。

あるいは、一定の時間内で特定のプレーヤーに限定して注目する方法も楽しい。

たとえば、シュートを撃つ、あるいはパスを出すターゲットを決める一瞬の判断、ボールを持っていないときの動き、味方をカバーする、スペースを作る・埋めるバランス感覚などから、そのプレーヤーの資質やセンスやクラス（格）、そのときの好不調まで推《お》しはかることができれば、ちょっとした快感さえ覚えるだろう。

そうすれば、基本的には監督が思い描いた戦術論に則《のっと》っていようとも、その場その状況での個々のプレーヤーの判断力、決意、情熱こそが、試合を動かし、左右するということをごく自然に体感できるに違いない。

プレーヤー一人ひとりの、ゲームにかける〝熱〟を無意識に肌感覚で受け止め、感じ取り、ほぼ一体化する過程で、彼らの手応えと喜びと失意と悔しさ、すなわち「フットボーラーたちのヒューマン・ファクター」を、その一瞬一瞬で共有する。

それができたとき、ファンなればこその醍醐味を存分に味わえる、まるでユートピアにいるような感動が生まれるだろう。

そして、そんな感動を何にもまして鮮やかに、かつ、とびきりシンプルに味わえるのが、古き良きイングリッシュ（ブリティッシュ）・フットボールの代名詞的戦術というべき「キック&ラッシュ」なのだ。

「キック&ラッシュ」と「フェアプレー」

九〇年代以降、この国のフットボールも急激に洗練化が進むにつれ、「イングランド（英国）といえば、キック&ラッシュ」という決まり文句はとんと聞かれなくなった。

そもそも「キック&ラッシュ」とは何か。

技術的には、一九六六年ワールドカップ・優勝メンバーの元イングランド代表DFで、後にアイルランド代表監督を務めたジャック・チャールトン（ボビーの実兄）が一貫して主張した理論を、一般的解釈と受け止めるのがわかりやすい。

「自陣で奪ったボールを一気に敵ディフェンスの背後めがけて蹴りこみ、そこへフォワードが殺到する。眼目は敵ディフェンダーを自分のゴールに向かって〝背走〟させること。必然的に〝前進〟する我が方のプレーヤーが優位を築ける理屈になる」

思えば、「もはや時代遅れの単純戦法で効力も乏しく、だいいち観ていて退屈この上ない」とか何とかの、不評の声がいつの間にか消えたのは、衛星放送でプレミアリーグの試合がふんだんに観戦できるようになった頃からだろうか。

しかし、「キック&ラッシュ」そのものは決して、消えたわけでも、カビのはえた遺物になったわけでもない。英国（イングランド、スコットランド、ウェールズ、北アイルランド）と隣国アイルランドにおいて、それはまずあり得ないだろう。

なぜなら、彼らにとって「キック&ラッシュ」とは、単に一個の〝戦術〟としての枠に収まってしまうものではなく、〝血〟そのものだからだ。

イングランドは特に、今もれっきとした階級社会が残っている国である。確かに、かつての大英帝国時代、あるいはパックス・ブリタニカ思想華やかなりし頃の厳密な階級差別は遠い昔日のものとなったが、意識の上ではまだまだ健在なように見える。論より証拠、概して富裕階層の子息が通うパブリックスクールの大半では、いまだに〝庶民のスポーツ〟フットボールを公式競技と見なしていないのである。

ただ、こういう一見して頑《かたく》なな〝気どり〟が、やや屈折した理屈をともないつつ、きわめて研《と》ぎ澄《す》まされた〝正義〟を求めるようになるのも、この国の国民性の重要なキャラクターなのだろう。

つまり、フィールドの外では階級があり、クリケットやラグビーを〝上〟に見て、フットボールを〝下〟に見る一方で、それぞれの限られたフィールドの上では、上下の区別を一切許さないという、ある意味で〝崇高なる〟思想――。

それはまた、「フェアプレー」の原点にも通じる考え方だともいえる。

スポーツにおける「フェア」の本来の意味は、ただ単にクリーンなゲームをするという卑小な範囲にとどまらない。突きつめれば「まったく対等の立場でまったく同じ戦い方をして、最終的に優劣を決める」というのがその理想形である。

この場合、「優劣を決める」ことよりも「まったく対等、同じ」という部分をはるかに重んじる点がキモ。このことを端的に表現してみせたのが、かの伝説の名将、サー・マット・バズビーの名言である。

「成功は確かに喜ばしい。しかし、勝った試合に浮かれているだけでは何かを成し遂げたとはいえない。名誉のための勝利に価値はないが、全力を尽くしたなら何ら敗戦を恥じることはない。フェアな精神の下に最高のスキルと勇気を尽くした喜びに勝るものはない」

一面「きれいごと」ではあるだろう。バズビーの時代のフットボールが、今ほど〝金の成る木〟ではなかったこともあるが、勝ってなんぼのプロの世界では〝キザなロマンティシズム〟だと片づけられてしまってもおかしくない。

だが、この言葉を前にして、改めて思うのだ。サー・マットの理想が綿々と生き続けているからこそ、プレミアリーグのゲームは観る者を熱くとらえて離さないのではないか。そしてその究極の〝ヒューマン・ファクター〟こそ、「キック&ラッシュ」なのではないだろうか。

「ボンド」と「カースル」の融合

英国人はけだし冒険小説を愛する国民である。ゆえにこの国で創出された傑作群も数多い。たとえば、アリステア・マクリーンやジャック・ヒギンズらが世に送り出した大スケールの戦争アクション、冷戦時代のスパイヒーロー活劇、あるいは国際テロ陰謀小説の類は、およそ質量ともに他国の追随を許さないだろう。

なかでも一世を風靡《ふうび》したのが、イアン・フレミングが創造し、シリーズ映画化されて大ヒットした「007ジェイムズ・ボンド」だ。その極め付きにダンディーで男っぽいキャラは、いわば二十世紀を代表する「男の理想像」にも喩《たと》えられた。

強くてスマートでカッコいい。憎らしいほど女性にもてまくる。決断がとにかく速く、ひたすらポジティブで諦《あきら》めを知らない。そして何よりも、極悪強大な国際的犯罪組織やテロリストの陰謀を、ほぼたったひとりで叩き潰《つぶ》してみせる。

この、スーパーヒーロー的スパイには、見事なまでに対照的な〝ライバル〟がいる。国民的作家として愛され続けるグレアム・グリーンの名著『ヒューマン・ノァクター』で、個人的問題と組織のしがらみの狭間で悩みながら、自らが信じる真の正義を探し求める孤独な老エージェント「カースル（カッスル）」だ。

この二人の〝至高〟のスパイキャラは、そのまま、英国人の理想と現実、陽と陰、行動と思索、正統主義と本能的反体制志向を象徴し、同時に表裏一体となって彼らの実体を言い当てているかのようでもある。

そしてそれは、我らが〝戦術〟「キック&ラッシュ」の本質にも通じていると考えられないだろうか。

「キック&ラッシュ」は単純明快、要は「常に前への精神」である。

これが何よりもこの国のファンを熱くさせる。裏を返せば、中盤でちまちまショートパスを交換していっこうに敵ゴールに迫れない――そんな〝まだるっこしさ〟が続くと、たちまちブーイングの餌食《えじき》になってしまうことになる。

もっとも、一昔前までの「同じ戦い方をぶつけ合う」思想の下、往々にして双方がこの作戦一辺倒に終始したため、「退屈」の悪しきレッテルを貼られたことも確かだ。ただし、うまくはまれば勝率はめっぽう高かった。

ちなみに九〇年代以前、この戦法を最も効率よく活用して一時代を築いたのは現監督アーセン・ヴェンゲル到来以前のアーセナルだが、実はそのアーセナルにあって、かつてイングリッシュ・フットボール史に刻まれる「画期的戦術論」が生まれたという事実は非常に興味深い。

そしてまた、その点にこそ重要な意義が潜《ひそ》んでいるのだ。

一九二〇年代後半から名門〝ガナーズ〟ことアーセナルを率いたハーバート・チャップマンは、「WMフォーメーション」（オフェンスの五人をW字に、ディフェンスの五人をM字に配置する）と呼ばれる、まったく新しい布陣を試みて多大な成果を挙げた。そのピッチ上のメインアクターが「フットボール史を変える画期的メディアを創刊した」チャールズ・バカンだったことは、前章に触れたとおりである。

その最大の功績は、それまでは流動的なポジションだった中盤に「攻撃的ミッドフィールダー」と「守備的ミッドフィールダー」という明快な役割分担を提唱したことによって、以後の世界スタンダードとして定着していった点にある。

もうおわかりだろう。戦術的進化をリードしたチームが、それ以後〝原始的戦術〟を最も効果的に生かしきって成果を収めてきた史実――。

さすがに「ロングボール戦法」ばかりでは飽き足らなくなった現在のファンでさえ、そのシーンが噴き出すと、大いに沸《わ》き上がる現実――。

それでいて、自ら「時代遅れ」と蔑《さげす》むかと思えば、一転して「これこそ正統派」と賞揚したりする矛盾――。

「キック&ラッシュ」とは、やはり単なる戦術にとどまらない何か――そう、英国人（のファン）の奥底に脈打つ血を騒がせる「スピリット」、つまりは「ヒューマン・ファクター」の、最高の表現方法なのである。

その表現の中には、フレミングが描くジェイムズ・ボンドの「ダンディーで、いざとなれば果断をふるう男っぽさ」と、グリーンの〝分身〟カースルの「悩みながら〝正義〟を探し求める内省的な人間くささ」が、絶妙に融合された形で宿っているではないか！

なぜかといえば、「ボンド」は確かめるべき「絆」、「カースル」は守るべき「城」なのだから。

第五章　All《オール》 You《ユー》 Need《ニード》 Is《イズ》 Fan《ファン》　～ファンこそすべて

パックス・ブリタニカの文化的再興

今からざっと一五年ほど前、英国の全国紙『タイムズ』が、イングランドとフランスの十歳、十一歳の小学生各八五〇人を対象に、「自国についてどう思うか」というテーマでアンケート調査を実施した。

その結果、「イングランド（フランス）人に生まれたことをとても誇りに思う」という設問について、フランスの子供の五七％が強くこれに同意した一方で、イングランドでは三五％の賛成にとどまっている。

このとき、同意したフレンチ・キッズたちが挙げた理由の大部分を、「自由と平等の精神に富んだ民主的な国民性」が占めたそうだ。対するブリテン島に生まれ育った子供たちは総体的に、「暑くもなく寒くもなく、食べ物と水が清潔で……マンチェスター・ユナイテッドがある（！）」点を指摘したという。

ある識者の説では、これは、十一歳になる頃までに「実用的なディベート教育」を施すイングランドと、子供たちに出来合いのスローガンを「繰り返し復唱させる」フランスの違いを如実に反映しているのだとか。

しかしもう一つ、穿《うが》った見方をすれば、双方の近代国家への成り立ちとなった出発点にも遠因がありはしないだろうか。すなわち、「産業革命＝実践的・物理的な国力拡張」と「フランス（二月）革命＝自由と人権尊重の啓蒙運動」という歴史観の違いである。

子供に限らず、イングランド人は、確かに何かにつけて「実用性」を優先させる。政治の世界における〝お題目〟（マニフェスト）も、実効性が薄いとメディアや大衆にせせら笑いで片づけられるのがオチだ。いまだに悪口は絶えないとしても、現実に経済を立て直してみせた〝鉄女〟マーガレット・サッチャーの手腕と実行政策はそれなりに必然的だったのかもしれない。

そこで、イングランドの少年たちがわざわざ「マンチェスター・ユナイテッドがある」と〝誇らしく〟述べた真意について考えてみよう。

むろん、彼らが全員ユナイテッドのファンだと考えるのは無理がある。ヒントはやはり「実用的なディベート教育」にありそうだ。つまり、「ユナイテッド」はあくまで象徴であり、レトリック上の格好のテーマになるという理屈である。

一五年前といえばちょうど、アレックス・ファーガソン体制の威力が轟然《ごうぜん》と火を噴き、マーティン・エドワーズ（当時チェアマン）の号令一下、〝ユナイテッド・ブランド〟拡販の海外戦略が軌道に乗りはじめた頃である。その結果、インドから東南アジア、オーストラリアを中心に、ユナイテッド・ファンの国際化は地球規模で広がっていった。

むろん、ごく自然な成り行きだけではない。

エリック・カントナ、デイヴィッド・ベッカムという、それぞれ〝味わい〟の異なる理想的な広告塔がいて、ユナイテッドもそれを最大限に活用した。

単に電波やグッズで〝お茶を濁す（？）〟のではなく、オフには積極的に親善試合ツアーを企画して〝産業的〟ファン開拓に努めてきた。南アジアに始まり極東へ、さらには〝サッカー後進国〟アメリカ合衆国に踏み込み、最近はアフリカにも……。

この一連の状況から、何かを思い出さないだろうか。

そう、かつて七つの海を制覇したパックス・ブリタニカの威光、大英帝国連邦（コモンウェルス）の形成である。〝ユナイテッド・ブランド〟は、その〝再興〟のシンボルとしてのプライドの拠《よ》り所に他ならないのだ。

もとより、フットボールというスポーツそのものが英国人によって世界に広められた事実もある。ならば、文化というフィールドにおいて〝栄光〟は、今も健在、消え失せてはいないことになるのかもしれない。

少なくとも、イングランドの少年たちが、（ディベート教育の恩恵もあって）恣意《しい》的にしろ、そう認識していると考えるのは決して無理な理屈ではなさそうだ。

なにしろ、「ファン」の影響力たるや何ものにも屈することなく、岩のごとく固い。そのことを、彼らは生まれながらに知っている。先祖から綿々と伝えられてきた血とDNAに基づいて――。

快感を共有し、解放感に酔える場所

日本という国に生まれ育ち、ごく普通に義務教育路線に乗って成長する根っからの日本人が、プレミアリーグはもちろん、イタリアのセリエA、スペインのリーガ・エスパニョーラなど、伝統的な欧州クラブの真の意味でのサポーターになれるとはとても思えない。そういわれて気を悪くする人がいたら、こう問いかけよう。

「あなたのお父さん、お祖父《じい》さんは、そのクラブのファンですか？」

トテナム・ホットスパー、通称〝スパーズ〟のファン、いやもっと厳密な〝言い方〟で「サポーター」の場合、彼の父、祖父、あるいは曾祖父にいたるまで、間違いなくスパーズ・サポーターだと考えてまず差しつかえない。

簡単な話である。彼らは、物心ついた頃からスパーズ・サポーターの祖父、父に連れられてホワイト・ハート・レイン（スパーズのホーム）に試合を観に行く――。

「ほら、あれがダニー・ブランチフラワーだ、あのものすごいドリブラーはジミー・グリーヴズといってね、それから、あのハンサムなプレーメイカーはマーティン・ピーターズで……」

父（祖父）譲りの憧れのスターに理由もなく魅せられた少年は、その後もシェリンガム、クリンスマン、アンダトン、レズ・ファーディナンドらの活躍に期待を胸いっぱいにふくらませてスタジアムに足を運び、成長して一家の主となった今、自らの愛息子《まなむすこ》を引き連れ、率先してギャレス・ベイルやラファエル・ファン・デル・ファールトらへの声援に喉《のど》をからす。

迷いは一切ない。彼らにとって、愛するクラブのホームグラウンドは自分たちが住む町そのものであり、プレーヤー、コーチ、クラブを運営する人々もすべて自分たちの親類に等しい。

何よりも、スタジアムに集い来れば〝この町〟に生まれた喜びを実感できるのだ。

中世までヨーロッパ全土に乱立した都市国家ほどではないにしろ、英国の各地方都市周辺を単位とする行政区は今でも独立独歩の機運が残っていて、ある意味で閉鎖的だと言ってもいいだろう。

しかしこれは、ダスティン・ホフマン主演の映画『わらの犬』で描かれたような陰湿さでもって「決してよそ者を頑《がん》として寄せつけない」というような感覚ではなく、ひとえに狭い世界で自分たちの生活を健気《けなげ》に守ろうとする無意識の姿勢の現われなのだと思う。

むろん、そんな現象は英国に限ったことではないはずだが、何かにつけてこの国の人々が「シャイで冷ややかでとっつきにくい」代名詞に挙げられることを思えば、他国民より少しは〝度が強い〟のかもしれない（実際は、筆者の経験からいっても、少々そっけないところはあっても実に友好的で親切。気が合えば一生の親友に出会えます！）。

そんな小さな単位のコミュニティーで日々の営みにあくせくしている人々が、熱く陽気に大っぴらに何のてらいもなく心をひとつにできる快感を共有し、それが限りなく広がっていく解放感に酔える場所こそ、フットボール・スタジアムなのである。

だから、彼らはときに監督の采配やプレーヤー個々のパフォーマンス、果てはクラブの運営にまで、まるでそれが当然の権利でもあるかのように、不満を表わし、口を出す。

それも「ぶつぶつと」ではない。まさに声を上げる。「口々に」ではない。声を合わせる。その威力はとうてい無視できないほど大きくなる。

そう、いたって「現実的」な口調で、「ジョーク（レトリック）」を効かせて――。
なぜなら、彼らにはどんな偉大なプレーヤーや監督が束《たば》になっても敵《かな》わない、決定的な優位性があるからだ。

ファンは永遠に生きつづける

現在は下位リーグにいるが、かつてプレミアに昇格した頃のクリスタル・パレスの若きオーナーチェアマン、当時三十六歳のサイモン・ジョーダンは、テレコミュニケーション・ビジネスで財を成した、いわば、楽天やＤｅＮＡのオーナーのイングランド版とでもいうべき人物である。

「マン・ユナイテッドやアーセナルなんて屁《へ》でもない」
「もったいつけて試合前にシャルドネをちびちび呑んで歓談しているお偉方どもには吐き気がする」
「ヒーローのステイタスというヤツが大嫌い」

「スーパースターとかの見世物イベントはもうたくさんだ」

などなど、文字どおり歯に衣《きぬ》を着せない、いささか過激な言動で知られるジョーダン氏ではあるが、その根っこにある思想はドキッとするほど熱っぽく、じーんと心に染み渡るように優しい。

「フットボールはコミュニティーの中心にあるクラブあってこそのもの。一過性のプレーヤーたちのためにあるんじゃない。すべてはファンのためにある。スポーツとはファンが中心にあってこそ存在し得るものである」

ファンが持つ〝決定的な優位性〟とは、まさにこの言葉の中に集約されている。ファンというものが、祖父から父へ、父から子へと、「代々受け継がれていくもの」だということはすでに述べた。つまり、ファンはほぼ「永遠」に途切れることなく生きつづけるが、どんなスタープレーヤーや伝説的名将でもいずれは消えていく「一過性」の運命にあるということだ。

たとえば〝スパーズ〟とは、プレーヤーたちの集合体、つまり、チームのことだけを指す表現ではない。トテナム・ホットスパーというクラブを支えるすべての人々、そして、世界中のトテナムサポーターをひっくるめた、誇りあるアイドルネームなのである。

ここで、英国のフットボール・スタジアムなら〝ごく当たり前〟の情景を思い浮かべていただこう。

ぐずぐずボールを回していると不満のざわめきが増幅しはじめる。自分の仕事はこれっきりとばかりにサボりが目立つプレーヤー、倒れたままでなかなか起き上がらない〝ハートのない〟プレーヤーには厳しいブーイングが浴びせられる。

劣勢が顕著と見るや、全スタンド一体となったチャントがスタジアムに響き渡る。

なぜ、それほど火傷《やけど》するくらいに熱いのかといえば、ファンも、サポーターも、ひとり残らず（たとえば）〝スパーズ〟の一員、つまり「スパー」だから。スパーズが戦うときはファンの一人ひとりも同時に戦っている。つまり、ピッチの上のプレーヤーたちは彼らの〝代理〟としてボールを追っている。

だから、「（怠慢を）許さない」「（声とチャントで）共に戦う」――。

これはこれで、一つの楽しみ方として否定するつもりはないが、個人的なストレス発散や周囲に引き摺《ず》られただけの節操のないお祭り騒ぎなどは、「真のファン」の矜《きょう》持《じ》とはまったく異なるものである。

思わずハートが、体がうずいて声を張り上げ、それがあっという間に怒濤《どとう》のユニゾンと化していく快感こそ、サポーターの証なのだ。

ちなみに、筆者の場合、〝スリーライオンズ（イングランド代表）〟の試合以外は概《おおむ》ね、ほとんど微動だにせず黙々と観戦する。

そんなとき、ふと脳裏に、魂を激しく揺すぶるようなチャントの大合唱が、あるメロディーとそのリフレインに重なって聞こえてくることがある。

All You Need Is Love, All You Need Is Love……
All You Need Is Fan, Fan, Fan Is All You Need……

すべては愛、愛こそすべて……

すべてはファン、ファン、ファンこそすべて……

思えば、あの六〇年代末の衛星放送で世界中に発信されたビートルズの映像も、パックス・ブリタニカの文化的再興といえなくもない。冒頭のアンケートがこの時代に行なわれていたら、イングランドの少年たちはきっと「ユナイテッド」の代わりに「ビートルズ」と答えていただろう。

フットボール・チャントの作り方

二〇〇四年五月十一日、ジョニー・ハーストなる人物が、イングランド史上初の「チャント桂冠詩人《けいかん》」に選出された。

たかがフットボール場用の〝歌〟ごときで桂冠詩人とは大げさな？　いやいや、選者グループの議長を務めたのは、〝本家〟桂冠詩人のアンドリュー・モーションだった。決して余興では済まない〝名誉〟に値するというわけだ。
このとき応募総数一五〇〇から最終選考に絞り込まれた三〇作品より、いくつか、そのベースチューンとなった曲名とその作曲者（ないしはヒットさせた歌手・グループ）名を列挙してみよう。

La Donna è Mobile／ジュゼッペ・ヴェルディ（オペラ『リゴレット』より）
O Little Town of Bethlehem／不詳（讃美歌）
We Will Rock You／クイーン
Que Sera Sera（ケ・セラ・セラ）／ドリス・デイ
Fernando／アバ
The Wild Side／ルー・リード
Tragedy／ビー・ジーズ
Cocabanana／バリー・マニロウ

このうち、最も〝フットボール世代〟に馴染みがあると思われるクイーンの『ウィ・ウィル・ロック・ユー』は、「リーボック・スタジアム」を本拠とするボルトン・ワンダラーズに捧げられたもので、次のように歌い出される。

We will, we'll Ree--Bok you (Bok you)
Singin' we will, we'll Ree--Bok you (Bok you)

リーボックの「ボック」を「ロック」と掛けているところがミソ。この一節に、フットボール・チャントがフットボール・チャントとして成立するための条件、あるいはその本質的要素が見事に凝縮されている。つまり、

1. 誰でも知っている（耳にしたことがある）チューン、ないしは過去にヒットした流行歌でノリのいい、覚えやすいメロディーを持っている曲であること。
2. ウィットの利いた〝ダジャレ〟の替え歌になっていること。

３．繰り返しのフレーズが多用されていること。

以上を基本として、手の込んだものには「時のチーム状況や特徴」をさりげなく織り込んだ上で、軽い〝ジョーク・メッセージソング〟に仕立ててしまうことも少なくない。

たとえば、〝チャント三〇傑〟に選ばれた『ケ・セラ・セラ』のサビの部分には、クラウディオ・ラニエリ監督時代のチェルシーを〝優しく見守ってあげよう〟と言わんばかりの詞が付けられている。

Don't you worry, son
You'll learn to play everyone
They'll call you the Tinkerman
Que sera sera

よお、くよくよなんぞしなさんな
一通り使ってみたらわかるって
人はあんたをティンカーマンと呼ぶけれど
ケ・セラ・セラ（なるようになるさ）

当時、頻繁《ひんぱん》にスターティングイレヴンを入れ替えることで有名だったラニエリ監督に、メディアは「ティンカーマン（いじくりまわす人）」なるニックネームを贈って揶《や》揄《ゆ》していたが、それをファンの目線から温かくなぞってみせた（「それがラニエリのラニエリたる所以《ゆえん》なんだから」）という辺りだろう。

実に微笑《ほほえ》ましく、かつ気が利いた表現（ブラックジョーク？）ではないか。英語になかなか馴染めないまま去っていったイタリア人・ラニエリも、こんな可愛げのあるチャントフレーズなら、きっと自ら口ずさみたくなったのではなかろうか。

かくして、庶民のファンが好んで用いるフットボール・チャントのベースチューンは、オペラの名曲、讃美歌、子守唄から、フォークソング、ゴスペル、スウィングジャズ、エスニックポップ、ロックミュージックまで、縦横無尽に網羅する。そして、むしろそれが縁となって巷間《こうかん》あまねく知られるポピュラーチューンに昇格した例も数多い。

「グローリ、グローリ、ハレルーーヤ」のサビでお馴染みの『リパブリック讃歌【The Battle Hymn of the Republic】』(作曲者はアメリカ人、ジョン・ウォード・ハウ)は、一九五〇年代にスコットランド・エディンバラの雄、ハイバーニアンのファンが取り入れたことから、広く英国で親しまれるようになったという。以後、同曲はトテナム・ホットスパー、リーズ・ユナイテッド、マンチェスター・ユナイテッドのクラブチャントにも流用されて定着した。

「桂冠詩人」誕生のはるか以前、ジャーナリストのバリー・グレンデニングが「オールタイム・ベスト」と呼んだチャントがある。

十八世紀にイングランドで起こったとみに禁欲的なキリスト教の一宗派「シェイカー派」の聖歌を原曲に、かつてチェルシーでフーリガン・ボスと呼ばれた伝説の男、マイク・グリーナウェイが詞を書いた、その名も『ケアフリー【Carefree】』だ。

何ゆえの〝至高〟なのかというと、その詞がグレンデニングいわく「愛憎いずれにも通じるという、フットボール・チャントの真骨頂を表現している」からだ。

チャントは基本的に〝賞揚〟のためにある。だが、その実「甘やかすことのない叱咤激励」でもあってしかるべきなのだ。「ケアフリー」とは、ずばり「屈託がない」ことだが、その分「求めるもの」も多いのである。

そんな辺りにも、英国オリジナルの〝フットボール的・民族性〟が偲《しの》ばれるというものではないか。

そして、ホカホカの最新作品――「All we need is / Shinji Kaga-wa」。

言わずと知れたクイーンのヒット曲『レディオ・ガ・ガ【Radio Ga Ga】』のリフレイン部分に乗せたものだ。原曲でゆったりとした手拍子が入るからもってこいのチョイスである。

〝作詞者〟は不明。というより、同チューンはチャント転用の定番曲であり、おそらくは「カガワ」の語感が「ガ・ガ」に似ているところから、ごく自然に、即興的に、サポーターの口から滑《すべ》り出たのだと思われる。

とはいえ、これは「シンジ・カガーワ」の専売特許ではない。そのうち、サウサンプトンのファンが「All we need is / Yoshida Ma-ya」と歌いはじめるかもしれない。それを〝パクリ〟とは誰も言わない。チャントとは、そういうものである。

パブから始まるマッチデイの儀式

パブとはパブリック・ハウス。

実態は酒場なれど、その名前のとおり、身分や職業など一切問わない、気軽に立ち寄れる社交場（ただし年齢制限はある。英国の場合は十八歳以上）。

そして、フットボール・スタジアムにパブは付きものだ。スタジアム周辺に複数点在するパブには、試合当日ともなれば数時間前からレプリカユニフォーム、スカーフ（マフラーとは呼ばない。ちなみに、ユニフォームもふさわしい用語ではなく、単にシャツという）などのクラブカラーを身につけたファンを中心に、まるで人々が磁石に吸いつけられたように三々五々集まってくる。

彼らのほとんどは、一週間ぶりの〝旧交〟を温めつつ、ビールをすする。

当然、一定のコアなサポーターたちが集結する〝御用達パブ〟は、ビジターファンや異邦の旅人にはお奨めできない。この数年来は地元官憲の監視が厳しく、めったなことは起こらなくなったが、無用な刺激の種になってしまいかねない。いずれにせよ、わざわざ居心地の悪い思いをしてビールを飲むのは損の極みである。

バーテンダーも意外に曲者《くせもの》だ。まず間違いなくお膝下のクラブのファンだから、へたに（ライバルチームについて）話しかけようものなら、いやに冷たく慇懃《いんぎん》無礼《ぶれい》にあしらわれることもある。

こういう辺りは、実は熱血なくせに皮肉っぽい遠回しのジョークで味付けした人付き合いが身に染み付いている、良くも悪くもイングランド人らしいところだろうか。

ビールについて簡単にまとめておこう。たいてい、そのパブのオリジナルブランドと、バス、ベックなどの内外ナショナルブランドが揃えられている。

アルコール度数によっても大きく二つに分けられ、一般的にビールと呼ばれるものより度数が高く、よりコクがあるのがエイル。

エイルにもライト、ブラウンなど度数、味、色の違いで数種類。ちなみに、リーグカップ（※）の歴代冠スポンサー「ワージントン」はエイル、「カーリング」はビールの代表格、ラーガーのナショナルブランドだ。

フットボールに縁が深いという意味では、クラブのキット（ユニフォーム）スポンサーにビールブランドが多いことでもお馴染み。リヴァプールのハイネケン、イプスウィッチのグリーンキング、などなど。

もっとも、最近は携帯電話メーカーやキャリア業者、金融および保険会社が幅を利かせていて、時代の移り変わりを反映しているが、英国のビール産業は底が深い。ちなみにカーリングは、現在、大手銀行「バークレイズ」のスポンサーシップを受けているプレミアリーグの〝初代〟スポンサーだった。

単位はパイント。一パイントは約〇・五七リットルで、いわゆる大ジョッキ一杯に相当する。軽くひっかけるならハーフパイント、じっくり味わうならパイント単位で注文する。英国では原則、きりきりに冷やしたやつをぐいっとあおることはめったになく、生ぬるい状態をちびちび舐《な》めるように飲みはじめるのが王道。

さて、パブで挨拶がわりにパイントのおごり合いを済ませたあと、ファンたちはスタジアムに向かう。気が向けばハーフタイムにも売店に走って気分なおしの一杯。試合後はまた、元の行き着けの店に戻って祝杯をあげる、あるいはウサを晴らす。

なかには、ファイナルホイッスルが鳴る一〇分前くらいに席を立って、パブで最終結果を確認する人もいる。これがいわゆる、ビール好き（といっても、たいていはそうだが）のファンのお決まりの行動だ。

ただし、最初の段階からパブに居座って、パイントジョッキ片手に、備え付けのテレビモニターで〝フル観戦〟するのがお好みのファンも少なくない。さしずめ、映画館で映画を観るよりも、家のテレビで気ままにリラックスして、といったところ。

フットボールの場合、家よりも断然パブで、という理由は述べるまでもないだろう。ワンプレー、ワンジャッジに思わず込み上がる喜怒哀楽も、（チケットを買い損ねた人々も含めて）同好の仲間が多ければ多いほど、身が入る、盛り上がる、分かち合える。酒（ビール）が入った勢い、心安さ、感情の素直な発散も大いに手伝って。

ここ日本でも、二〇〇二年のワールドカップのとき、各スタジアム周辺の飲食店が〝即席パブ〟と化し、大いににぎわった状況を体験した方も多かっただろう。ファンとして、どこにいてもつながっていたいという素直な心情が、酒を介してより滑《なめ》らかに表に出てしまう〝かけがえのない場所〟――それがパブなのだ。

※リーグカップ……プレミアリーグから四部までに所属する全九二クラブが参加して争われるトーナメント戦。一九六〇―六一シーズンから始まった。一方、FAカップは、アマ・クラブも参加する大規模なトーナメント戦で、一八七一年創始の由緒を誇る。この他に、二部から四部までの七二クラブが参加するカップ戦や、ノンリーグの地域限定トーナメントなど、大会は多岐にわたっている。

第六章　ファンを熱くするプレーヤーとは

「一対一」の果たし合いとその積み重ね

スポーツとは総じて、相手よりもいかに多く（高く）ポイントを上げられるかを競うものだ。つまり、最終的にポイントをより多く積み重ねたサイドが勝つ。

フットボールの場合、そのポイントとはもちろん「ゴール」である。

必然的に、ゴールが決まるシーンはフットボールゲームで最大のハイライトであり、観る側もひとえにそれを期待する。どちらか一方を応援している場合でも、華々しくめまぐるしいゴールの奪い合いともなれば、理屈抜きに興奮する。

黎明期のフットボールは、まさに「ゴールをより多く奪うこと」がすべてだった。いわゆる「ケンブリッジ規約ルール」が成立する以前は、地域によってはゴールキーパーの概念そのものがなかったともいわれ、キーパー制度導入後も、ほとんどのチームが「一人のディフェンダーと九人のアタッカー」という布陣を組んで、ひたすら相手ゴールを目指してほぼ攻撃に専念するというのが、ごく当たり前の〝戦術〟だったのである。

しかし現実には、たとえば「11—9」だとか「8—7」のような拮抗《きっこう》したスコアのゲームはまず生まれっこない。一方が10点前後のゴールを計上するということは、必然的にそのチームがほぼ一方的に攻めている時間が長くなる道理だからだ。

そこで大敗続きのチームのリーダーたちは考えた。まともに攻め合って勝てないのであれば「敵のゴールを最小限に抑えるしかない」。つまり「守備に力を入れよ」。最大の眼目は、ボールを持っている敵のプレーヤーを自由にさせないこと。そのためには「常に一対一の場面に持ち込んで勝負」を徹底すればいい！

イングランドには古くからこんな表現がある。

「フットボールの試合とは男同士の果たし合いのようなものである」

（〝男同士〟とは古い時代ならではの表現であって、決して性差別用語ではない。なお、ほんの近年にいたるまで、フットボールは「男のスポーツ」だと決めつけられていた。ちなみに、二〇一二年ロンドン五輪における女子フットボールの〝進歩〟を目の当《ま》たりにしたボビー・チャールトンは、「これで〝彼女たち〟も胸を張って存在をアピールできるようになるだろう」と述べている）

贔屓《ひいき》するチームが勝つ喜びを、生《なま》（リアルタイム）で、できればスタジアムで、思い切り味わいたいという心理は、万人に共通するものだろう。単に勝ち負けにこだわるだけなら、後に新聞やインターネットで結果のスコアを確かめればそれで済む。TVや動画サイトのハイライトで十分だ。

しかし、勝負は常に「時の運」。どんなにプレーヤーの顔ぶれ、格などで優《まさ》っていても、実際にやってみなければどうなるかわからない。

だからこそ「わくわくドキドキ」できるのである。

仮に、たまたま興奮も感動もほとんど得られない試合だったとしたところで、それも時の運。行ってみなければ、観てみなければ、わからない。確かめようがない。

いや、そんな「期待はずれ」の試合にあっても、特にプレミアリーグを筆頭とするイングランドのゲームの場合なら、少なからず堪能《たんのう》できるのが、「果たし合い」の醍醐味《だいごみ》だ。おそらく「イングランド・フットボールは、当たりが強い」という〝レッテル〟の所以《ゆえん》もその辺りにあるのだろう。

一般的なフットボールにおける見せ場といえば、そう、豪快に決まったゴールシーン、スピードに乗ったドリブル、目にも鮮やかなフェイント、激しくも正確無比《むひ》なタックル、キーパーのアクロバティックなセービング……それぞれのシーンを頭の中で再現してみれば、すべてが「一対一の対決」の末に生まれるものだ、ということがわかるだろう。つまりは「果たし合い」とその結果、である。

TVであろうと、スタジアムに足を運ぼうと、試合を生で見たいと思うのはなぜだろうかと考えると、それは「一対一の果たし合い」の興奮と感動のプレー、その連鎖から生まれる、熱い試合展開を体験したいがために他ならない。

現代フットボールでは、時に二人がかり、三人がかりでプレスチェックをかけ、ボールを奪おうとするケースも目立ってきているようだが、それでも局所的な見方をすれば、瞬間的にやはり「一対一」である。

そこで勝つか負けるかが、プレーヤーのプライドが満たされるかそうでないかの分かれ目であり、また、彼我《ひが》の資質が問われる最もわかりやすいポイントととらえて差しつかえないと思う。

そしてそれは、一試合一試合に全力を尽くし、運も巡り合わせもすべてが撚《よ》り合わさった〝総合条件〟を着実に乗り越え、最終的にその積み重ねが導いた優勝を最高の名誉とする考え方とまさに相通ずるものがある。

つまり、フットボールのゲームとは、数限りない一対一の集積で成り立っているのだ。その点、ノックアウト式トーナメントとは、その延長に位置する意味合いがある。だからこそ、FAカップは今も心情的に〝至高〟の大会なのだ。

そもそも〝戦術〟というものは、相対的により勝つ確率の高い細かい戦法を体系的にまとめあげたものだ。今までどうしても勝てなかったチームに勝つために編み出された〝苦肉の策〟といえばわかりやすい。

ただし、一対一ではまず勝てないプレーヤーがほとんどというチームが、戦術だけで勝ってしまったら何が面白いだろう。いや、それはまず有り得ないことである。

プレーヤーは機械ではない。試合は生き物だ。

どれほど反復練習によって戦術を叩き込まれていようと、敵が一枚も二枚も上手でわずかでも歯車を狂わされたら、たちまち劣勢に陥《おちい》ってしまう。

頼みのエースが不調、敵の馬力がいつもとは違って尋常じゃない、レフェリーの判定がどうもおかしい、単に何をやっても上手くいかない……そこを何とか跳《は》ね返したい、そんなときに何がものをいうか。やはり、「一対一の強さ」である。

その意味で、フットボールは、バレーボールやベースボールとは根本的に異なり、ラグビーやアメリカン・フットボール、ハンドボールとは多くの点で違いがあり、水球やホッケーと性格が酷似している、ということもできる。

戦術論はいまや不可欠だ。しかし、個々の一対一のシーンを想定してそれに勝つ基本能力・応用能力を磨くことを疎《おろそ》かにしては何も始まらない。〝戦術〟とはその上に立って編み上げられるものであり、一対一の強さによる〝打開力〟がなければ、結局は絵に描いた餅になってしまうに違いない。

そして、そんな「一対一の対決」をより色濃く満喫できるのが、伝統的に緻密《ちみつ》な戦術論にこだわりすぎない（と筆者は信じている）イングランド・フットボールならではの個性ともいえるのではないか。

悪役カルトヒーローという「レジェンド」

かくして、イングランドでは、この「一対一の対決」に絶対的な強さを誇るプレーヤーが、歴代の〝主役〟を務めることになる。むろん、各時代の主役は一人や二人では収まらない。そして彼らは後世になって「レジェンド【legend】」と呼ばれる存在になる。

レジェンド、つまり「伝説のプレーヤー」は、必ずしも〝正義のヒーロー〟とは限らない。「ヴィラン【villain】(悪役)」だって立派に記憶に刻まれるのである。

なぜなら彼らの多くが、その昔、攻撃一辺倒の〝雑な点取りスポーツ〟を進化させる要諦《ようてい》となった「ディフェンス強化」と、そのことを内外に知らしめるに当たって、多大な貢献を果たしたともいえるからだ。

畢竟《ひっきょう》、この「伝説の悪役」の質と量、あるいはその影響力にかけて、イングランドはおそらく他の追随を許さない。

筆者の記憶にまず浮かぶのは、他ならぬ〝ミスター・イングランド〟サー・ボビーの実兄、ジャック・チャールトン。

前章でも触れた「キック&ラッシュ」の信奉者、通称〝ビッグ・ジャック〟は、六〇年代末のリーズ・ユナイテッド黄金時代にあって、情け容赦《ようしゃ》のない〝激怒する〟センターバックとして悪名を馳《は》せた。

敵サポーターからのブーイングをさもBGMのように聞き流しつつ、並み居るゴールゲッターたちを幾度となく地面に叩き伏せた〝雄姿〟は、威厳そのものだった。

続いては、同時代のチェルシー中盤で対戦するチームから蛇蝎《だかつ》のごとく嫌われ、恐れられた〝小さな殺し屋〟ロン・ハリス。その誇り高きニックネームが「チョッパー」つまり「ぶった斬り屋」だったといえば、おのずとご想像いただけると思う。

同じ頃、ロン・ハリスの向こうを張った〝ハードマン（強面《こわもて》ハードタックラー）〟では、リヴァプールDFを仕切った〝アンフィールド（リヴァプールのホームスタジアム）の焼きごて〟トミー・スミス、スパーズ中盤の底で人食いザメのごとく回遊したノーマン・ハンターも忘れられない。

〝アンフィールドの焼きごて〟トミー・スミスには彼らしい実に凄みのある〝ジョーク・エピソード〟がある。

試合前のウォームアップ途中、敵のエース、ジミー・グリーヴズにやおら近づいたトミー・スミスは一枚の紙切れを差し出した。「何だ、それ」と当惑するグリーヴズに、「いいから読んで、取っとけよ」。その紙片には、リヴァプールにある診療所のリストがずらりと書かれていた。

そんなトミー・スミスだが、リヴァプールで出場六〇〇試合以上を誇るキャリアの中で、もらったイエローはわずかに三枚、レッド退場も一度きりだったというから驚きだ。

「なぜって、向こうがオレを避けていたからだろうね」

そして、「今の連中ときたらヤワになったものだ」と笑い飛ばし、「まともなタックルが片っ端から咎《とが》められる一方で、嘘泣きやダイビングの大盤振る舞い。なげかわしいね」とうそぶく。

いや、それとて〝ジョーク〟だ。時代とゲームの質、考え方が変わったことを認めつつ、後輩たちを叱咤激励するジョーク。ひょっとしたら彼は、やはり心中（後輩たちの置かれている環境を）苦々しく思っているのかもしれない。

「おれたちの時代はハートでやっていた。だから（タックルを受けて）少々痛かろうが〝そんなフリ〟はできなかった。今の連中はカネでやっている」

少し時代を下ると、チームそのものが「キック&ラッシュとラフプレーの代名詞」としてその名も〝クレイジー・ギャング〟と呼ばれたウインブルドンFCの〝主〟、ヴィニー・ジョーンズ【Vinnie Jones】が長く〝その世界〟で一世を風靡した。

最も有名な逸話に、デビュー間もない〝悪童〟ポール・ガスコインを背後から〝抱きかかえた〟かと思うと、やおらその○○タマをぐいと握って「よお、図に乗るんじゃねぇぜ、小僧」とドスを利かせ、悪魔のように微笑みかけたというのがある。

洋画通の方なら、『トランスポーター』シリーズのジェイソン・ステイサムが端役《はやく》で出演しているガイ・リッチー監督の『ロック、ストック&トゥー・スモーキング・

バレルズ【Lock, Stock and Two Smoking Barrels】』で、準主役の借金取立て人を〝地〟で演じ切ったヴィニーをご記憶かもしれない。

他にも、マンチェスター・ユナイテッドの〝フーリガン・ボス〟や、投獄された刑務所で大暴れするイングランド代表チームのキャプテン（彼自身はウェールズ人）など、B級映画の〝はまり役〟多数。『Xメン』シリーズ最終作での巨漢ミュータント「ジャガーノート」に扮《ふん》した怪演なら、若い世代の方でもきっとご存知だろう。

しかし、上には上があるというべきか、以上の名にしおう猛者連の所業もまとめて霞んで見え、同時代の〝チョッパー〟ハリスなどは「感嘆して」師と仰いだとまでいわれる「史上ナンバーワンの悪役」を、この項の締めくくりにご紹介しておこう。

一九七二年、リーグカップを制して最も輝いていた頃のストーク・シティーに君臨した「伝説のハードマン」デニス・スミスだ。

そのどこまでも妥協を許さない〝悪役〟ぶりは、かつて「フットボール界最多故障数」でギネスブックにその名を残したほどに、比類のない一本気のなせるわざだったのだが、デニスの真の〝名声〟の所以《ゆえん》は、引退後の指導者生活時代にあった。

ポール・ガスコイン（左）に激しく当たるヴィニー・ジョーンズ。当時の新聞紙面で大きく取り上げられた

彼こそは、〝弱小〟ヨーク・シティーにてイングランド史上初のシーズン総勝ち点一〇〇を記録し、あるいは、史上最悪の泥沼に喘《あえ》いでいたサンダランドをわずか三年で一部（現在のプレミアリーグ）に引き上げるなど、指揮を執《と》った生涯通算試合数、実に一千超に達する指折りの名伯楽《はくらく》なのである。

育て上げた名手は、スティーヴ・ボウルド（アーセナル）、リー・チャップマン（リーズ）、アンディー・コール（ニューカッスル、マン・ユナイテッドなど）ら多数。その采配ぶりは、アレックス・ファーガソンやスティーヴ・マクラーレンにも多大な影響を与えたといわれている。つまり、デニス・スミスこそ、現在のプレミアリーグ隆盛の礎《いしずえ》を打ち立てた〝知られざるカルトヒーロー〟ともいえるのだ。

では、現在のプレミアリーグに、トミー・スミス、デニス・スミスやヴィニー・ジョーンズに匹敵するような、飛び抜けた個性と才能を発散させている〝悪役〟はいるだろうか。

筆者の頭の中には、まだまだ彼らの域に及ばないまでも、何人かの名前は浮かんでいる。だがここはあえて実名を明かさず、実際にゲームを観戦した読者諸氏の眼に委《ゆだ》ねよう。

なぜなら、そんな「悪役を吟味する」観戦法も、プレミアリーグ、ひいてはイングランド・フットボールの〝個性〟を理解する楽しみ方の一つだと思うからである。

そこで、筆者なりのヒントをいくつか――。

単に荒っぽいだけのプレーヤーでは〝規格〟に届かない。イングランド流、プレミア流を〝(新参者に)教えてくれる〟懐の深さが滲《し》み出てこないと物足りないのだ。必然的に英国圏出身のベテランか、もしくは四、五年以上のレギュラーキャリアがある外国人に絞られる。狙い目はエヴァートン、ストーク・シティー、ウェスト・ブロム辺り。昇格した「チャンピオンシップ(二部)仕込み」のレディングも面白い。

ゲームとは、アンフェアなもの

「フェアプレー」とは、ごく簡単にいって「紳士的にプレーする」ことを指す。

ところが、少し前からこの「紳士的にプレーする」が「スポーツマンにあるまじき行為を排除する」という意味に〝縮小解釈〟されているような気がしてならない。

確かにこの数年来、プレミアリーグも、かつてのデニス・スミスやヴィニー・ジョーンズ並みのハードマン・タイプが、そのスタイルを〝謳歌〟しづらくなってしまった感がある。

では、ラフプレーを戒《いまし》めることだけが、敵味方を問わず相互に敬意を絶やさないことだけが「フェアプレー」なのか。

「フェアに」「紳士的に」という言葉の意味を履き違えているのではないか。そこには、その場のすべての条件、不測の事態をすべて受け入れ、その上で戦いに臨むという意味が込められているはずなのである。

天候がすべてのゲームに公平に働くわけではない。プレーヤーのコンディションも双方で異なり、しかも毎試合同じはずがない。双方のチーム事情もおのずと異なる。チャンピオンズリーグ参戦中の強豪チームなら、当然日程が厳しくなる。それだけプレーヤーに余分な負担がかかる。宿命だ。言い訳にはならない。

フットボールは用意周到にプログラミングされたコンピューターゲームではない。一〇〇パーセント、チューンナップされたマシンの性能を競い合うゲームでは断じてない。

要するに「フェア」という言葉の本来の意味は現実には通用しないということだ。ゲームとは端《はな》から「アンフェア」な状況下で行なわれる定めなのだ。

だからこそ、そこで監督（マネージャー）の手腕が問われるのである。そのときどきでの事情に合わせて最善のメンバー構成を施し、最適な〝戦術〟（ないしは〝戦術的心得〟）を授ける。あとはほぼプレーヤー任せだ。

かつて一九七〇〜八〇年代・リヴァプール黄金期の礎を築《きず》いた名将ビル・シャンクリー【Bill Shankly】の至言を思い出す。


ある試合のキックオフ直前、シャンクリーは突然の来客（若き日のアレックス・ファーガソン！）を温かくもてなし、クラブのトロフィールームへ招いて事細かに講釈を始めた。ふと、すでに試合が始まっていることに気がついたファーガソンは、おそるおそる偉大な監督に尋ねた。

「あの、ベンチに行かれなくていいんですか？」

するとシャンクリーは満面の笑みをたたえてこう言ったのだ。

「君、わしがそうしなけりゃいかんということは、あの子らがまだまだだってことなんだよ。そうじゃないかね？」

今では考えられない逸話のようでも、実はまさに正論だということがおわかりだろうか。ひとたび試合が始まれば、それはもはやプレーヤーたちのものなのだ。キックオフの瞬間からタッチライン外のテクニカルエリアに立ち、そのままゲーム終了まで間断なく何くれと指示を飛ばす監督は、少なくともプレミアリーグではめったにお目にかかれない（ただし、そのことを必ずしも否定はしない。「監督も戦っている」姿をプレーヤーたちやファンにアピールするパフォーマンスとしてなら大いに意義がある）。

確かに、シャンクリーの時代は今や昔日、フットボールの中身もさまざまな意味で進化して、九〇分間ただ監督が見守りつづけるだけというご時世ではなくなった。それでも、試合途中で何かを指示する必要を監督が感じてしまうとなれば、そこにはやはり「この子らもまだまだだな」という思いも含まれているのではあるまいか。

中央先頭を歩くのが、名将ビル・シャンクリー監督。彼は1974年、FA カップ優勝を置き土産に引退するが、その偉業を称えるようにしてチャリティー・マッチが催された。左で手を叩いているのは、相手をつとめたリーズ・ユナイテッドの“レジェンド”ブライアン・クラフ（第七章を参照）である。
©Liverpool FC ／ Getty Images

そのことはたぶん、フットボールのゲームが常に「アンフェア」な状況下で行なわれているという事実と無関係ではないのだろう。

ピッチ上のイレヴン全員が、あらゆる不測の事態を瞬時に受け止め、理解、咀《そ》嚼《しゃく》し、自軍を優位に導くべく、フィールドを席捲《せっけん》する。どだい、そんなことは不可能だとしても、二人、いや、一人でも、それを体現し得るプレーヤーがいれば、現われてくれれば、必ずや何かが変わる。他のチームメイトも彼に引っ張られて全軍が躍動、機能する。アンフェアな状況であっても、打開できる。

これは決して〝理想論〟ではない。実際、そんなプレーヤーが過去に何人か存在した。真の「レジェンド」とは、こういう彼らのことをいう。そして、彼らはほぼ例外なく〝自己チュー〟で、傲慢《ごうまん》を絵に描いたような自信家だ。ただし、それだけの努力も積んでいる。

それらをすべてひっくるめて、ここでは「エッジ」と呼ぶことにする。そして、イングランド・フットボール一三〇年の歴史上、極め付きの「エッジ」を体現したレジェンドといえば、それはもう、あのジョージ・ベスト【George Best】を置いて他にいない。

永遠の伝説となった「ビッグタイム・チャーリー」

〝Big-time Charlie〟——直訳すれば「一流の〝チャーリー〟」。

この「チャーリー」というヤツが曲者で、実は「ちょっと足りない男」を意味する。ヴェトナム戦争時代には米軍兵の間で「ヴェトコン」を指す言葉でもあった。「ビッグタイム・チャーリー」とは、「調子に乗ったら手のつけられない大バカ者」、あるいは「今をときめく道化」——。

六〇年代のマンチェスター・ユナイテッド黄金期を演出したフォワード、不世出《ふせいしゅつ》の天才、ジョージ・ベストも、そんな陰口を叩かれた時代があった。

自身のイニシャルを英国の「GB（グレイト・ブリテン）」と同列になぞらえ、ジョージ・ベスト・ブランドのブティックをオープンし、城と見紛《みまが》う豪邸に住み、数え切れない美女たちと浮名を流し、当時飛ぶ鳥を落とす勢いだったビートルズの向こうを張る「五人目のビートル」の異名をいただいて有頂天になっていた時代——。

それでも、彼はその有り余るスキルと、てこでも動じない不遜なまでの自信をピッチ上でこれでもかと証明し、絶大な人気を勝ち取って伝説となった。

こんな逸話がある。一九七六年、ロッテルダムでオランダが北アイルランドを迎え撃った試合。オランダのスタープレイヤーだったヨハン・クライフは絶頂期にあり、ベストはすでにピークを過ぎていた。


ある記者がベストに訊《たず》ねた。「クライフは君よりも上かな?」

ベストは笑って彼を見た。「おれをからかってるのか?」

そして、記者に約束したのだ。「今晩、その証拠を見せてやる」

ベストは試合開始からわずか五分、はじめてのチャンスを摑《つか》むと、わざわざ〝左サイド〟へ展開し、敵の〝右サイド〟クライフと「一対一」になるように仕向けた。そして、いともあっさりと〝オランダの Big-time Charlie〟を置き去りにしたのである。次の瞬間、ベストはボールを運びながら、プレススタンドに向けて高々と右手を突き上げた。

24歳のジョージ・ベスト（左）。マンチェスター・ユナイテッドの中心選手だったが、自身のトラブルは絶えず、1974年のシーズン途中でクラブを去る。右は、元監督サー・マット・バズビー。©Popperfoto／Getty Images

ことほどさように、彼は終生「一対一の対決」に絶対的な自信を持っていた。全盛期にベストがプレーしていたというだけで、ロンドンっ子のくせにマンチェスター・ユナイテッドのファンになった少年は数知れない。どこか謎めいた甘いマスクでとにかく女の子にモテただけでなく、気まぐれにどこの誰だかわからない市井の一般人とも旧友のように接した。

ある夜、ロンドンのパブで客の一人がウィスキー&ソーダを注文した。「シングルで？　ダブル？」と聞かれた男は、手の中の小銭を数えはじめた。そのとき隣から声がかかった。「ダブルにしろ。おれのおごりだ」声の主はジョージ・ベストだった。そして二人は三時間、カウンターにもたれて話し込んだ。そのときベストはこう語ったという。

「ペレがおれを世界最高だと褒《ほ》めてくれた。それ以上のことがあるかい？　完璧《かんぺき》な人生じゃないか」

その幸運な男も含めて、ベストを知る人々は口を揃えて彼を「最高に気のいいジェントルマン」として記憶に刻んでいる。ベストはまさに「紳士的」だったのだ。

今、彼は真に「永遠の Big-time Charlie」いや「Big-time Georgie」となって、故郷ベルファスト（北アイルランド）の土に眠っている。果たして、今後、ベストのそれに匹敵する〝エッジ〟を体現するプレーヤーは現われるだろうか。

あるいは、八〇年代に登場した〝ガッザ〟ことポール・ガスコイン【Paul Gascoigne】のような〝エッジ〟を持つトリックスターは——。

時代を変えた世紀のやんちゃ坊主

ポール・ガスコインのイメージ、存在価値は、すべてにわたって異質で「特別」だった。

いかにもいたずら好きそうなやんちゃ坊主の風貌、腹の出た小太りな寸胴《ずんどう》体型は、ベストのジゴロっぽい怪しい魅力やベッカムの飛びぬけた美形ぶりとは似ても似つかない。

そのくせ、その常軌《じょうき》を逸《いっ》したおふざけと奇行はベストの及びもつかないレベルに達し、メディアの追っかけ狂騒レベルはある意味では〝後輩〟ベッカムも顔負けの次元にあった。

ガスコインにはベストの恣意《しい》的なポーズもなければ、ベッカムのプライベートなこだわりもない。あくまでも、素のまま、心の赴《おもむ》くまま、とことん正直に生きて行動したのである。

たとえば、あるFAカップ決勝の前にダイアナ皇太子妃（当時）に紹介された折、ポッとなったガッザは、彼女の「こんにちは」に対してごく素直にこう返した。「あの、キスしていいですか？」。

あるいは、イタリアのラツィオ時代、ローマ法王から「是非お会いしたい」とリクエストを受けながら、「練習が長引いた」と事もなげに言い訳してすっぽかした（このとき、代わりに両親と妹がお目通りして記念品を受けとっている）。

スコットランドのレインジャーズ在籍時の試合中には、レフェリーが落としたイエローカードを目ざとく見つけて拾い上げ、当のレフェリーに駆け寄って、まさに警告よろしく片手を上げて突きつけた。

極めつけは、一九九〇年イタリア・ワールドカップの準決勝、西ドイツ（当時）戦で見せた有名な「涙のシーン」。両目を真っ赤に泣き腫《は》らし、溢れる涙をシャツで拭《ぬぐ》うその姿は、国際報道ネットワークに乗って瞬く間に全世界を駆け巡り、しばらくして英国内で発売された「涙のガッザ」プリントのTシャツ、マグカップ、カンバッジなどが飛ぶように売れた。

一見ふてぶてしい面構えのむさいフットボーラーが〝戦場〟で泣いた効果は、絶大だった。一躍〝大衆〟の人気者になったガスコインは、図に乗って、以前にも増して「酒好きでやんちゃな〝地〟」を如何《いかん》なく披露し、その奇行ぶりはイタリアに呼ばれてからも一層エスカレートした。

ガッザのニュースを載《の》せれば売れるメディアは、その一挙手一投足《いっきょしゅいっとうそく》を片っ端から記事にした。一フットボーラーがゴシップ紙を中心に第一面を飾る主役になる前代未聞の〝快挙〟は、人々の意識を変え、報道の体系そのものも変えて、後のベッカム狂騒曲へと受け継がれることになる。

一方、八〇年代に吹き荒れたフーリガニズムにうんざりとしていた一般の人々は、「ガッザの涙」を契機にフットボールを見直しはじめ、ちょうど「ヒルズボロ事件（※）」を受けて生まれ変わりつつあったスタジアムに続々と足を運んだ。

その熱気がまた、野心的な衛星放送TVの介入を誘い、画期的なプレミアリーグ創設を促すことになった。それがイングランドの、ひいてはヨーロッパのプロフットボール界を変える重大な事件だったことはいうまでもない。

まさに、ガスコインは時代を変えた。それも、作られた偶像ではなく、まったく飾り気のない自由奔放な個性の発露だったからこそ、大きな意義があった。

※ヒルズボロ事件……一九八九年四月十五日、シェフィールド市ヒルズボロ・スタジアムで行なわれたFAカップ準決勝「リヴァプール 対 ノッティンガム・フォレスト戦」で、老朽化したスタンドが倒壊、死者九六名、重軽傷者計七六六名（全員がリヴァプールファン）を出した事件。事故の原因調査をまとめたテイラー・リポートによって、英国全スタジアムに立ち見席の撤廃と全席指定シートの設置を義務づけられることになった。

第七章　監督という、素晴らしき〝孤独〟な商売

「マネージャー」の権限と矜持《きょうじ》

英国圏諸国では、フットボールチームの監督を通常「マネージャー」と呼ぶ。日本語の感覚ではまだ違和感のある呼称かもしれない。実際、この「マネージャー」は日本でいう「監督」とは少なからず意味、いや、役割が違う。

一般的に、監督を意味する用語として充《あ》てられる英語は「ヘッドコーチ」だ。単なる用語だと割り切ってしまえばそれまでだが、「ヘッドコーチ」というと、権限がチームの戦術・起用程度に限定されているのが英国フットボール界の認識になっている。

対して「マネージャー」は、チーム作りに関するすべてを取り仕切る。もっといえば、クラブのフットボール活動全面にわたって実質的な決定権を持つ。財政など企業としてのクラブ経営に関わる案件を除いて、オーナー、チェアマン、ディレクター（理事とか役員と訳すべきか。英国圏では通例「ダイレクター」と発音する）たちは、あくまで「マネージャー」のアドバイザー的存在といっても過言ではない。

それだけ、信頼されているわけでもあり、だからこそ責任も重い。

たとえば、プレーヤーの流出入に関しても、「マネージャー」が一切与《あずか》り知らぬところで決定されるということは、基本的に有り得ないのである。

そんなこと当たり前だろう、と思われるかもしれない。あるいは逆に、「誰それというプレーヤーを獲《と》ったから、使うように」と〝上〟からお達し（押し付け）があれば、所詮《しょせん》は雇われ監督、逆らえるわけがないと達観する方もいるだろう。

しかし、意識の高い「マネージャー」なら、自分の役割を頑固に守り切ろうとする。端的な例を挙げよう。

マンチェスター・ユナイテッドを預かるマネージャー、サー・アレックス・ファーガソン【Sir Alex Ferguson】は、かつて〝メディア王〟ルパート・マードックがクラブ買収に乗り出す動きを見せたとき、その是非について相談すらされなかったことについて、意外にもあっさり「特に気にしていない」と答えた。

クラブ財政がどこの誰にバックアップされることになろうと、求められれば個人的意見はものしても、最終決断を下す権限が自分にはないことをわきまえていたからだ。むしろ「世界的な大コングロマリット企業が、真っ先に自分の愛するクラブを選んだことに誇りすら感じる」と述べたほどである。

しかし、そのマードック氏が「中田英寿をユナイテッドに連れてくる」と、言った言わないの件に絡んでは、「ナカタなんてプレーヤーは聞いたこともない」とすげなく言い放ったという。

要するに、「スポンサーになっていただくのは大いに結構だが、誰を獲って誰を使うかについて口出しは一切許さない」という毅然《きぜん》たる姿勢を、彼は示したのである。

〝ファーギー〟（ファーガソンの愛称）は、ごく一部の信頼に足るジャーナリストの書いた記事以外、メディア報道を信用しないことで知られている。〝彼ら〟に真実を書く姿勢が薄いことを、長年の経験で身にしみているからだという。ために、時にはわざと言葉を尽くさず、メディアを煙に巻いてあしらうところがある。

一九九八年ワールドカップ・フランス大会直後の頃だったからには、彼が当時「ナカタ」をまったく知らなかったとはまず考えにくい。たぶん、内心は少なくとも「あのプレーヤーのことかな」と判じながらも、マードックが軽い手土産気分（?）で漏らした〝勝手な戦略的希望〟に、ガツンと釘を刺す意味で「聞いたこともない」とシ

右で“激昂”しているのが、アレックス・ファーガソン。第四審判をはさんで左に、永遠の宿敵、アーセナル監督アーセン・ヴェンゲル。2004年3月28日、アーセナルがホームにマンチェスター・ユナイテッドを迎え撃った、この一戦はドロー。結局、アーセナルは無敗でシーズン優勝を決める。©ロイター／アフロ

ラを切った――そんな辺りではなかったかと思う。

念のために言っておこう。アレックス・ファーガソンは決して「それ以上」の行為に及ばなかった。つまり、クラブ経営陣に対して何らかの〝強権的〟行動を起こしたわけではなかった。単に「マネージャー」としての矜持《きょうじ》を示しただけだ。

かくして、このときの〝マードックの野望〟は果たされずに終わった。

もしも当時のユナイテッドのオーナー（マーティン・エドワーズ）が然《しか》るべく〝手を打って〟しまい、その直後からマードック氏の〝専横《せんおう》〟が始まっていたとしたら、ファーギー体制はそう遠くない時点で終止符が打たれていたかもしれない。

いずれにせよ、現代にあって「最もマネージャーらしいマネージャー」と呼ぶべきアレックス・ファーガソンの隠然たる権力のほどが偲《しの》ばれるエピソードだろう。しかも、その政権は二〇一二年十一月の時点で実に二七年間も維持されているのである。

この事実は、第九章で取り上げる「プレミアリーグへの外資侵略ブーム」の渦中《かちゅう》で幾多の監督たちが翻弄《ほんろう》されていく実態を見るにつけ、いかに突出した〝偉業〟なのかがよくわかるはずだ。

ここでいう偉業とは、言いかえれば「矜持を守りつづけた」ということである。

そしてそれは、第四章で触れたマット・バズビーの〝名言〟が、今も彼の中に脈々と受け継がれている一つの証左といえるのかもしれない。

むろん、往時に比べてはるかに厳しく世知辛《せちがら》い現代サッカーの潮流に流されまいとしながら――。

あの名言には実は続きがある。

「フットボールはロマンであり、ミステリーであり、詩にも似ている。だからこそ世界で最も愛される永遠のスポーツなのだ」

良くも悪くも、それが英国人の〝センス〟であり、プレミアの世になってもイングランドのフットボールを陰で支配する〝特別なもの〟だとすればどうだろうか。

その代表格がアレックス・ファーガソンであり、そして、そんなお人が「誰から押しつけられることなく」、自らの眼で選んだ一人が「カガワ」なのだ。

愛すべき名将たち

疲れ果てて家に帰りついたセラピストがつぶやく。

「理解する能力と、変える能力は、必ずしも一致しない」

先に帰っていたパートナーがいたわるように受けて返す。

「だから、人々はまた別の治療を受けなおさねばならない」

「そう」

「で、彼らはそれが気に入らない」

「そう」

（ロバート・B・パーカー『突然の災禍』菊池光訳より）


時に小説に描かれる悩める登場人物たちがふと交わす会話に、どきっとすることもあれば、つい最近どこかで聞いた話を思い出し、あるいは「デ・ジャ・ヴュ」という言葉を思い出したりもする。

「理解する能力と、変える能力は、必ずしも一致しない」というのは、たぶん人間なら誰にでも当てはまりそうな〝客観的〟示唆だ。もし、身に覚えがあるとしたら、浮かび上がってくるキーワードは「（別の）治療」ということになる。

「治療」とはつまり「学ぶ」こと。そのソースは主に他者の意見（批判、アドバイスなど）だが、ただ、それらを心にとどめ置きこそすれ、必ずしもまともに受け入れられないのが人間の性《さが》である。社会的に責任の重い立場にいる人であればなおさらだ。

要するに、有能なスポーツチームの指導者は、この「理解する能力」と「変える能力」を巧妙に操り、常にその一致を目指していると考えられる。

その上で、チームを預かる監督としての「信念」あるいは「我の強さ」を周囲に植えつける。確固たるリーダーシップという〝ジグソーパズル〟の欠かせないワンピース。「この人についていけば間違いない」とばかりにプレーヤーたちのハートをがっちり摑《つか》む押しの強さ――時に、それを「カリズマ」ともいう。

このカリズマというヤツが、殊《こと》に英国圏出身の監督（マネージャー）で歴代の名将の誉《ほまれ》高き人々の場合、小説のようなあざとい展開を見せてくれることもある。

たとえば、「我の強さ」を振りかざす一方で、あえて「一貫性」を欠いてみせる。つまり態度や言動をころころ変える。あるいは、ほんのちょっとした〝威厳〟(のつもり)、あるいは〝省エネ〟式で、そっぽを向いた態度を取る。

そうしておいて、当人独特のウィットたっぷりのジョークや、思いがけない言動、登場の仕方などで、ぐさりとプレーヤーたちのハートを打ち、掴み取ってしまうのだ。

ただし、プレーヤー個々の性格を掴みきれない(もしくは無視した)ままでの〝威厳〟の示し方や省エネ指導法では、すぐにメッキが剝《は》げてしまうから要注意。もっとも、そういう失敗続きのダメ監督でも、立派に記憶に刻まれる人もいる。

ああ、だから監督という商売は悩ましく難しい。だから、やみつきになるのだろうか——。

能書きはこのくらいにしておこう。実例で見ていくのが手っ取り早い。マット・バズビーとビル・シャンクリーについてはすでに触れた。ここでは彼らと並び称される「名将中の名将」を三名、ご紹介したい。

●ブライアン・クラフ【Brian Clough】

「ブライアン・クラフって誰？」という人は今からでも遅くない、是非ともその名を記憶に刻み込んでいただこう。

一三〇年余のイングランド史に偉大な足跡を残してきた「レジェンド legend」は数あれど、実績と人気、パフォーマンスとキャラクターの総合評価において、この〝クラフィー〟以上に特別なフットボール人もいない。すなわち〝伝説中の伝説〟である。

故郷のクラブ、ミドゥルズブラで十七歳のデビュー。エースFWとして八シーズン二二二試合出場二〇四ゴールの驚異的記録を残しながら、突如ローカルライバルのサンダランドに移籍。ここでも七七試合六三得点と大活躍したのだが、膝の故障に泣いて一九六二年十二月、わずか一〇年間の華々しい現役キャリアに終止符を打った。

しかし、ブライアン・クラフの真の伝説はそこから始まる。

二十九歳でハートルプール（ブリテン島北東の海岸にある観光小都市）の監督に就任すると、その二年後には当時三部のダービー・カウンティーに迎えられ、わずか五年で同クラブを史上初の一部優勝に導く。翌年のチャンピオンズカップでも堂々のベスト4。ところがその五カ月後に上層部と大ゲンカして辞任、ブライトンを経て翌年リーズ監督の座に就《つ》いたが、またしてもソリが合わずにたった四四日で解任。そして、一九七五年から都合一八年間にわたって指揮を執った名門ノッティンガム・フォレスト（当時二部）において、クラフの名声はヨーロッパ中に鳴り響くことになる。

七八年のリーグ（一部）とリーグカップの「ダブル優勝」に続く二年連続チャンピオンズカップ制覇の快挙に、当時低迷していたイングランド代表の指揮官にクラフを熱望する声が全土に高まった。しかし、ＦＡ（イングランド協会）の態度はおよそ冷ややかで煮え切らなかった。

おそらくは、彼一流のキザで人を食った言動が敬遠されたのだろう。あまりにも有名な「クラフのボトル」。俗に「くそ度胸」とか「酔いどれ」を意味する「bottle」こそ、クラフのためにあるような言葉だった。

派手なパフォーマンスで審判に猛然と噛《か》みつき、ヒーローとなったプレーヤーには人目を憚《はばか》らずキスの嵐を浴びせる。

と思ったら、降格危機の最中に行方をくらましてやきもきさせておきながら、とある雨上がりの試合直前、スコップ片手に長靴を履いてトンネルの出口でプレーヤーたちを出迎える。「少しはやりやすくしておいてやったぞ」と言わんばかりに。

いつでもどこでも愛犬を連れ歩き、ほろ酔い紳士然とした微笑を浮かべて思いがけない時と場所にふらりと出没する。そんな、奇矯《ききよう》で摑みどころのない、個性的なキャラは、ファンにこそこよなく愛されたが、おカタいお偉方連に煙たがられるのも当然だったのかもしれない。

また、専門誌『Four Four Two』に彼が連載した名物コラムは大人気を博し、それはもはや〝バイブル〟に等しかった。

享年六十九。愛すべき庶民のヒーロー〝クラフィー〟は、ダービーの病院で家族に見守られながら、二〇〇四年九月二十日、安らかに永久《とわ》の眠りについた。

●ビル・ニコルソン【Bill Nicholson】

七〇年代前半の英国在住時代、筆者が贔屓《ひいき》にしたクラブはそれぞれの理由で複数あったが、強いて〝一番〟は何だったかと問われれば、それは〝スパーズ〟（トテナム・ホットスパー）にとどめをさす。ユニフォームの白と黒の上下コントラストがどこよりもスマートに見えた。また、そのせいか、とびきりスタイリッシュでとにかくカッコいいプレーヤーが多かった。

マーティン・ピーターズ、マーティン・チヴァーズ、アラン・マラレイ、マイク・イングランド（でもウェールズ人）。テリー・ヴェナブルズはまだ入団一歩手前だったっけ。ジミー・グリーヴズは確かチェルシーに移籍してしまっていた。デイヴ・マッカイはダービーのキャプテンになっていて、ダニー・ブランチフラワーは残念ながらもう引退した後だった。すべてが、伝説の「ミスター・スパーズ」――ビル・ニコルソンの眼鏡に適った、当時選り抜きの知性派スターたちである。

十六歳のプレーヤーデビューから、コーチ、監督、チーフスカウト、最後は名誉プレジデント（チェアマンではなく〝上場企業トテナム〟の会長）――実に六〇年間、生涯のほぼすべてをスパーズ一筋に捧げつくしたビル・ニコルソンは、イングリッシュ・フットボール史上で誰よりも「ジェントルマン」の名にふさわしい名将だった。

人呼んで「鋼《はがね》とシルクを絶妙にブレンドした」采配——その実績は、特にノックアウト方式のカップ戦で花開いた。

就任四年目にして第二次大戦後初のダブル優勝（リーグ戦とFAカップ）を達成、一九六三年には「カップウィナーズカップ」（六〇年から九九年まで毎年開催された、欧州クラブカップ戦。チャンピオンズカップ、UEFAカップと合わせて欧州三大カップの一つとされた。イングランドの場合はFAカップ勝者が出場）を制覇している。さらにFAカップを三度、リーグカップを二度、七四年にはUEFAカップで再びヨーロッパを制した。

〝静かなる男〟が唯一度、烈火のごとき怒りと失望を迸《ほとばし》らせたのは、そのUEFAカップ決勝で、スタンドのスパーズファンが大荒れして二〇〇名以上の負傷者を出したときのことだ。ニコルソンは場内マイクに向かってこう叫んだのである。

〝You people make me feel ashamed to be an Englishman.〟

（ったく、お前たちを見ているとイングランド人に生まれたことが恥ずかしくなるわい！）

国中から敬意を集める名士となってからも、ホームのホワイト・ハート・レインからほど近い質素な住居に住み続けたニコルソンが、一九一九年一月、九人兄弟の第八子として生を受けたのは、北部東海岸の風光明媚《ふうこうめいび》な観光都市スカーボロー。

ならば、二〇〇四年十月に天寿を全うした彼を偲んで静かに一杯傾けるときのBGMは、サイモン&ガーファンクルの《スカーボロー・フェア》以外にあり得ない。

●サー・ボビー・ロブソン【Sir Bobby Robson】

二〇〇九年七月、惜しまれながら七十六歳で亡くなったボビー・ロブソンのことを、あの一九六六年ワールドカップ優勝監督サー・アルフ・ラムジーをさしおいて、「イングランド代表史上最高の監督」と讃《たた》える人は少なくない。

ただし、幾分かのジョークとウィットを含んだ〝温かい揶揄〟を込めて。

なぜなら、彼には二度までも「幻のワールドカップ優勝監督」の〝肩書き〟があるからだ。しかも、二大会連続で（八六年と九〇年）――。

そう、八六年大会の準々決勝アルゼンチン戦で、もしもあのマラドーナの〝神の手〟ゴールがなかったら（あるいは無効になっていたら）……、九〇年大会の準決勝西ドイツ（当時）戦で、ジョン・バーンズが敵のシュートをブロックしたボールが悪魔的な放物線を描いてGKピーター・シルトンのリーチをすり抜けていなかったら……。

とにかくイングランド人にとってのサー・ボビーは、「事実上の世界最強チームを足かけ六年間率いた稀有《けう》な名将」でもあるのだ。

往時の同僚たちの証言によると、現役時代のロブソンは極め付きの俊足インサイドライト（現在でいう、右サイド寄りのトップ下）。フルアム時代の先輩に当たるジミー・ヒルの言葉を借りれば、「どこからともなくスルーパスに反応して飛び出し、的確にゴールを決める」（あの〝誰か〟を彷彿《ほうふつ》とさせる？）のがトレードマークだった。

十七歳のフルアム入団当時から大人びた風格で周囲を圧倒し、寡黙《かもく》で温厚な性格で、彼を知る誰もが躊躇《ちゅうちょ》なく「真のジェントルマン」と呼んだ。むろん、彼の存在がひとえに際立《きわだ》つのは指導者生活に入ってからだが、長いキャリア中、一様に讃えられてきたのは「才能を的確に見い出し、かつ、その一〇〇パーセント以上を引き出す能力」である。

その最も有名な一例が、短期指揮を執ったフルアム時代に、トンブリッジというノンリーグ（アマチュア）のクラブから発掘したマルコム・マクドナルド。日本のファンの中には、人呼んで「スーパー・マック」のことだといっても、もうピンとくる人は少なくなったと思うが、トンブリッジ時代はレフトバックだったマクドナルドが、後にロブソンの故郷ニューカッスルに移って、当時イングランドで最も危険なストライカーと呼ばれるまでに成功したのは、ロブソンの眼力があってこそだった。

その他、ロブソンが才能を開花させた名プレーヤーといえば、テリー・ブッチャー、ジョン・ワーク、ポール・マリナー（いずれも、ロブソン率いるイプスウィッチがFAカップ、UEFAカップを制覇した頃の主力）らがいる。

惜しくも準決勝で西ドイツにPK戦で涙を呑んだ一九九〇年ワールドカップだったが、その大会開幕前に、ロブソンのオランダPSV監督就任が決まっていたのは有名な話だ。そこでロブソンはブラジルからやってきた天才児（で、かつ問題児だった）、あのロナウドと出会う。後にバルセロナ監督に納まったロブソンは、ロナウド獲得をクラブに進言して果たしたが、実は、それはアラン・シアラー（当時ブラックバーン）を引っ張ってこようとして失敗した〝埋め合わせ〟だったという裏話もある。

また、二十二歳のルート・ファン・ニステルローイをオランダのヘーレンフェーンから、再度指揮権に与《あずか》ったPSVにリクルートしたのもロブソンだった。〝ファンニス〟は、その入団一年目に三一ゴールをマークしている。

二年間のPSV監督時代にリーグ二連覇を果たした後、スポルティング・リスボンを経て、ポルトをいきなり国内カップ優勝、翌シーズンからリーグ二連覇に導き、九六年秋から指揮を執ったバルセロナでは一年目にカップウィナーズカップ制覇。この間、通訳として影のようにロブソンを支えたのが、あのジョゼ・モウリーニョだ。

マクドナルドに始まり、それぞれ代表時代のポール・ガスコイン、ロナウド、ルート・ファン・ニステルローイらの〝悪童〟たちを巧みに手なずけ、その能力を全開させてきた父のごとき肖像が、サー・ボビーの真骨頂《しんこっちょう》だった。

このことは、長年の親友、ジャック・チャールトンやスヴェン・ゴラン・エリクソン（イングランド代表やマンチェスター・シティーなどの監督をつとめたスウェーデン人）はもちろん、後輩の好敵手サー・アレックス・ファーガソンも、追悼の辞において、「サー・ボビーこそ常に私の目標だった」と、示唆したとおりである。

それにしても、追悼ミサに駆けつけたのが、また錚々《そうそう》たる面々だった。

ヴェナブルズを囲んで旧交を温め合うピアース、シアラー、リネカー、そしてすっかり健康を取り戻したらしいガスコイン。その〝ガッザ〟がミサの途中、ひとり感極まって目頭を押さえていたのも、いかにも彼らしい。ロイ・キーンが独りで現われ、独りで姿を消したというのも彼らしい。今さらながらにサー・ボビーの人脈の広さと懐の深さ、彼を兄と、父親と、師と仰ぎ、友として敬愛したこれらの面々に胸が熱くなる。

改めて、彼のテーマ曲にもなっていたという『ネッスン・ドルマ』（九〇年W杯テーマ曲）のとおり「眠ってはならぬ」――つまり、死してなお永遠にフットボール界をあの世から見守りつづけてほしいものである。ＲＩＰ（rest in peace）。

〝孤独〟な監督たちの名語録

監督とは、突き詰めればきわめて「孤独」な存在といえるのかもしれない。

数多くのフットボール・ファンや関係者から敬愛されたサー・ボビー・ロブソン。写真は、1997年５月、バルセロナ監督時代のもの。若き日のジョゼ・モウリーニョ（右）も彼の信奉者だった。©ロイター／アフロ

よくいわれることだが「勝てばプレーヤーのおかげ、負ければ監督のせい」と片づけられてしまうほど、監督とは総じて「割に合わない孤独な商売」(元イングランド代表監督、グレアム・テイラーの言)なのだ。

むろん、勝利が積み重ねられた末にシーズン優勝、もしくはそれに準ずる成績を残せば、監督の株は上がる。その状態がある程度長期間持続したり、一、二シーズンであってもそのチームの戦力が相対的に乏しかったりした場合、当然のように「名将」としての高いステイタスが与えられる。

ところが、それでも成績が急に落ち込むと直ちにその座が怪しくなり、そのまま修復が進まなければ、遅かれ早かれ辞任・解任の事態を迎えることは少なくない。

監督という職務の運命を表現する言葉に、「ローラーコースター」というのがある。これは、いつ何時、幸運が巡ってくるかもしれない一方で、ひとつ間違えばまったく逆の境遇に追いやられてしまう危険も鼻先に転がっていることを指している。栄光と失意は紙一重、もしくは一寸先は闇、というわけだ。

フットボール界は、常に「理想と郷愁と現実」が錯綜《さくそう》して揺れ動いている。そして、監督は、たぶんその「理想と郷愁と現実」の凝縮されたイメージを身にまとわねばならない立場にいる。

郷愁――あるときは「理想」と「現実」のギャップを埋め、またあるときはその乖《かい》離《り》に煩悶《はんもん》するセンティメント――いわば、それまでの人生で築き上げてきた「信念」のようなもの。個人の持つエトスと言いかえてもいい。

だからこそ、魅力も、やり甲斐《がい》もある反面、同時に「孤独」なのだろう。

結果的には不成績を口実にした〝気分転換・てこ入れ〟の発想による辞任・解任ではあっても、そこに至る経緯にはさまざまな異なる複雑な事情があってしかるべき。あるいは、いくら文句のつけようのない成績を上げていても、「サッカーがつまらない」という理由だけでクラブを追われる場合だってあるのだ。

そして、環境が何らかの理由で変われば、失格者だって〝名将〟の端くれに名乗りを上げることもある。これはイングランドだけに限らない。イタリアやスペインでも、幾度となく〝失格〟の烙印《らくいん》を押された〝元監督〟たちが、不死鳥のごとく表舞台に蘇《よみがえ》っている（我らがアルベルト・ザッケローニもその一人だ）。

それゆえに、〝名物監督〟と呼ばれる個性豊かな指導者たちは、常に注目を浴びる地位にあり、その言動は、たとえ「元」の肩書きに甘んじている失意のときであろうと、メディアやファンの関心を惹《ひ》きつける。

当然、そこには〝お国柄〟が滲《にじ》み出ることになるのだが、ウィット&ジョークの総本家・英国では、これが百花繚乱《ひゃっかりょうらん》の趣きで折りに触れて展開してくれるから楽しい。代表的なところでは、メディアのヘッドラインを賑《にぎ》わせることの多い「アレックス・ファーガソン 対 アーセン・ヴェンゲル（アーセナル）」の、ワサビの利いた舌戦であろう。

二〇〇一年五月、つまり二十一世紀最初のFAカップ・ファイナルは、「アーセナル 対 リヴァプール」と、奇しくもフランス人監督同士の戦いとなったが、彼らだって、イングランドの水に慣れると例外ではない。

試合直前、〝レッズ〟（リヴァプール）の将、ジェラール・ウリエはこう言った。

「舞台がパリじゃなくてよかった。向こうにはフランス人がタップリいるから」

アーセン・ヴェンゲルも返す。

「ウリエに会ったらこう言おうと思っている。おやおや奇遇じゃないか。道にでも迷ったのかい、とね。同じ国に生まれた二〇年来の友人同士がそれぞれ率いるチームが、至高のゲームで戦うんだ。存分に楽しむ気持ちを忘れた方が負けだからね」

しかしながら、この分野の〝味わい深さ〟と〝ひねり具合〟にかけては、ハリー・レドナップの右に出る者はいないだろう。

かつてポーツマス監督時代、シーズン終盤でプレミア昇格ほぼ間違いなしと思われた頃、気の早い記者が仕掛けた祝福のインタビューに対する〝戯言《ざれごと》〟は秀逸だった。

「信じられない一年だった。まさか、ここまでやれるとはね。私ももう捨てたものじゃない。本当は、この仕事を頼まれたときはちっとも気乗りがしなかったんだけどね。というよりも、嫌で嫌でしようがなかったんだから」

就任後、実に二二名の新戦力を補強しておきながら、よくもぬけぬけと、と思わせてもまったく嫌味がないのが、「ジョークの達人」レドナップの人徳というべきか。

そこで、インタビュアーは訊ねた。じゃ、どうして引き受けたのか？


「それはだね、ハハ、文無《もん》しだったからさ」


こういうセリフを吐くところが、ブリティッシュのブリティッシュたるアイデンティティー。公式記者会見などでは絶対に聞けない、質問者をはぐらかしながら本音をちらりと覗《のぞ》かせる軽口が後を引く。日本の政治家には逆立ちしても真似はできない?!

だから、ニュースなどで紹介されるアレックス・ファーガソンの「香川評」を、ゆめゆめそのまま鵜呑《うの》みにするなかれ?!

第八章　マンチェスター・ユナイテッドの翼

二〇年の時のマジック

本書の冒頭で述べたように、プレミアリーグの二〇年は、「マンチェスター・ユナイテッドの二〇年」である。

この間、同クラブの優勝回数はきっちり計ったように過半数の一一回、しかも四位以下に終わったことは一度もない（準優勝が四回、三位が五回）。凄まじいばかりの戦績だが、これに匹敵するのが、それより前の二〇年間を席捲した〝永遠のライバル〟リヴァプールだ。

一九七二―七三シーズンからプレミアリーグ創設直前までの二〇シーズンで、リヴァプールは一一度の優勝と七度の準優勝を記録している。〝掲示板（三位以上のこと）〟に載《の》らなかったシーズンが二度（一九八〇―八一、一九九一―九二）見受けられるが、準優勝の数で相殺、いや、補って余りあるといったところか。

ちなみに、リヴァプールの一九八八―八九準優勝は、同じ勝ち点で並んだアーセナルに得失点差で優勝を譲った結果だった。ちょうど二〇一一―一二において、ユナイテッドがまったく同じ状況でマンチェスター・シティーに〝ハナ差〟及ばなかったように。

面白いことに、リヴァプールとユナイテッドそれぞれが覇権をほぼ独占しつづけた各二〇年間において、〝指をくわえていた側〟は、ただの一度も頂点を極められなかった。見事なまでの色分け、主権交代である。

ついでに、イングランド草創期からの記録を振り返ってみると、これが摩訶《まか》不思議、あちらこちらで「二〇年」というキーワードに合致する事実に行き当たるのだ。

イングランド初、すなわち地上初の公式トーナメント「FAカップ」が行なわれたのは一八七二年、そして一二チームによる初のリーグ戦が始まったのは、一六年後の一八八八年だ。しかし、地上初の「(イングランド)フットボールリーグ」に二部制が導入された年度こそ、ぴったり二〇年後の一八九二年なのである。

二部制導入後の初代一部チャンピオンは、ノースイーストの古豪サンダランド。さらに二〇年下ると、これが計ったように再びサンダランドが覇者に輝いている。

まだある。次の二〇年後に頂点を極めたアーセナルは、その二〇年後に〝連覇〟を果たした。

偶然だとしても、イングランドのフットボールには、二〇年という時のマジックはついて回るらしい。

さらに、番外編を。

一九八〇年代のリヴァプールは、実に七連覇という快挙を成し遂げる可能性があったが、それを阻《はば》んだのは他ならぬ〝シティーライバル〟のエヴァートンだった。

特に一九八四年からの三シーズン、これら「マージーサイド」（リヴァプール市のある州）の両雄が繰り広げた「優勝か否か」のデッドヒートは、史上に語り継がれる一連の名勝負だったといって憚《はばか》らない。

さて、古き〝エヴァトニアン〟（エヴァートン・サポーター）たちが待ちに待った初のリーグ制覇は一九一四―一五シーズンに果たされたが、それは第一次大戦突入前夜の〝メモリアル・タイトル〟だった。それだけではない。エヴァートンはなんと、第二次大戦直前の一九三八―三九シーズンでも、通算三度目の頂点を極めているのだ。ここでは、二〇年のマジックの論理は惜しくも当てはまらないのだが、それでも、謎めいた時の運命を感じずにはいられない。

マンチェスター・ユナイテッドを躍進させた立役者

本題に入ろう。ではなぜ、マンチェスター・ユナイテッドなのか（だったのか）である。

まず、思いつく〝違い〟は「マネージャー」の手腕。確かに、常識破りの長期政権を更新中のサー・アレックス・ファーガソンなくして、プレミア二〇年の〝ユナイテッド・モノポリー〟は築き上げられなかっただろう。たぶん。

しかし、ここに一つ「参考にすべき」興味深いエピソードがある。

ファーガソンが正式にユナイテッドに迎えられたのは一九八六年十一月だったが、そのちょうど半年前、一足先にアーセナルがこのスコットランド人に監督就任要請を出していた。ところが、その間に行なわれたワールドカップ・メキシコ大会が、運命の歯車をギリッと回す役割を果たしてしまうのである。

当時、スコットランド北方のクラブ「アバディーン」を率いていたファーガソンは、兼任でスコットランド代表副監督を務めていた。が、代表の上司だったジョック・スタイン（この人も伝説級の名将）が急病に倒れたため、やむなく〝昇格〟することに。

そのため、彼はほとんど前向きになりかけていたアーセナル監督就任承諾を、ワールドカップ終了後まで「考えさせてくれ」と断りを入れたところ、アーセナルの返答は「そんなには待てない」。かくして話はお流れになった。

では、仮にファーガソンが〝その時〟腹を決め、ロンドンに下る決意をしていたならば、プレミアの二〇年は「アーセナルの二〇年」になっていただろうか。

かもしれない。たぶん——そう、もしもユナイテッドの「大躍進」（ファーガソン就任当時はむしろ降格の危機に瀕《ひん》していた）が、スコットランドの二大絶対盟主「セルティック」と「レインジャーズ」を差しおいて弱小アバディーンを頂点に押し上げたアレックス某のカリズマとオーラに、そのほとんどを依存するものだったならば——。

だが、違った。そして、アーセナルの関係者やコアなファンならきっと冷静に「たぶん」の後を、苦々しくこう続けるだろう。「そうはいかなかっただろうね」

なぜなら、〝違い〟はもう一つあったからだ。

その違いを生んだ〝核〟は、創設前夜にあったプレミアリーグという絶好の舞台を得て、就任四年目にようやく花開きはじめたアレックス・ファーガソンの類《たぐ》い稀《まれ》なる指導手腕と絶妙の化学反応を起こした。〝核〟の男、その名をマーティン・エドワーズ【Martin Edwards】という。

オフ・デイ、すなわち試合のない日、わざと辺りに人の気配がない時間を選んで、マンチェスター・ユナイテッドのホームスタジアム「オールド・トラッフォード」【Old Trafford】を訪れると、ふと別世界に迷い込んだような錯覚にとらわれる。

その威容はまるで、異次元から舞い降りた巨大宇宙船のようにも見え、両エンドからせり上がるスタンドの〝両翼〟は、今にも大空を掴み取ろうとでもしているかのようだ。

正面中央、アイテム数一〇万超を誇るクラブショップ「メガストア」のエントランスの上に立っているのは、この〝シアター・オヴ・ドリームズ〟の永遠のシンボル、今は亡きサー・マット・バズビーの銅像。マンチェスター・ユナイテッドというビッグシップの栄光に満ちた大航海を指揮する名誉スキッパー（船長）さながらに。

しかし、今からちょうど一〇年前、マンチェスター・ユナイテッドが、アメリカンフットボールのダラス・カウボーイズを追い抜いて、世界で最もリッチなスポーツクラブに辿《たど》り着いた、その〝旅〟の真の牽引者《けんいんしゃ》は、バズビーではない。

それを置土産にして二〇〇二―〇三シーズンの終了後、クラブに別れを告げることになったチェアマン、マーティン・エドワーズこそ、今日のユナイテッドの繁栄を築いた最大のキーマンなのである。

イングランドのフットボール界で〝ビッグ〟と名がつくクラブというと、ユナイテッドを別にすれば、アーセナル、リヴァプール、チェルシー、リーズ、エヴァートン、そしてマンチェスター・シティーと続くのが、古くからの事情通の常識。

ロマン・アブラモヴィッチ（チェルシー）やUAEの巨大資本（マンチェスター・シティー）の到来以前、そのいずれもが、慢性的に深刻な財政難を抱えているといわれてきた一方で、唯一ユナイテッドだけが健全かつ圧倒的な経常利益を生み続けてきた事実は、決して偶然やアクシデントによるものではなかった。

“夢の劇場”オールド・トラッフォード

「オールド・トラッフォード」の正面中央に立つサー・マット・バズビーの像

エドワーズの「ハウスキーピング」

すべては、かつてマンチェスター市で大手精肉卸売り業を営んでいた故ルイス・エドワーズの後を継いで、息子マーティンがユナイテッドのチェアマンに就任した一九八〇年に始まったのである。

「私がクラブの理事会に参列した頃は、理事の全員がボランティアだった。当時はリーグの規則で理事が報酬を受け取ることは許されていなかった。一方で、監督のバズビー、事務局長のレズ・オリーブを筆頭に有能な人々が揃っていたが、彼らの誰ひとりとしてまともなビジネスセンスを持ち合わせていなかった」

このままではプレーヤーの報酬や移籍にともなう資金の財源がすぐに底をついてしまうと直感したエドワーズは、就任に当たって自らをフルタイムのチェアマンとして位置づけ、財政コントロール権を一手に引き受けることを提案する。

「予算もない、監督や理事に経営ノウハウのかけらもない。そこで責任の所在を変えることにした。ビジネスプランを導入し、クラブを企業化して商業的な取引先を探した。はじめてキットスポンサーを取りつけたときはデイブ・セクストン（当時の監督）が目を剝《む》いていたものさ」

今でこそ当たり前になっているが、当時のイングランドでは、ユニフォームの胸にスポンサー企業の名前を載《の》せるなどという発想は、まだなかったのである。エドワーズは、そこにさらに〝常識的〟なビジネス感覚を注入した。

たとえば、シャープ電気が八〇年代半ばにユナイテッドと契約を結んだときのキットスポンサー料は年間二五万ポンド（当時のレートで七千五〇〇万円くらい）だったが、最終的に四〇〇万ポンドにまで引き上げることに成功している。

エドワーズの経営手法はまさに石橋を叩いて渡るがごとく、細密に及んでいく。

「当時、タイトルを狙うために大枚をはたいて大物を獲るクラブが跡を絶《た》たなかった。つまりギャンブルだ。それじゃクラブは立ち行かない。そこで私は収支をパーセント単位でコントロールすることを徹底させた。その上で、監督の要望に沿った補強資金を捻出《ねんしゅつ》しつつ、財政の枠組みを常に崩さないよう細心の注意を払ってきた」

ユナイテッドが、リヴァプールやチェルシー、さらに最近のマンチェスター・シティーのように派手なプレーヤー補強をしてこなかった背景には、〝エドワーズのアンチ・ギャンブル的〟なバランス感覚があったのだ。価値基準と〝値頃感〟は、綿密に計算し尽くされていたのである。

当初は無給でビジネスに励んだエドワーズも、規則改変に則《のっと》って正式に〝職業チェアマン〟となり、次なる課題に取り組んでいった。

器の充実である。その歩みも彼らしくあくまで〝着実〟がポリシーだった。

「年間利益の一、二パーセントを使って段階的にスタンドの増床、施設の改善を進めていくのが原則。常にスタジアムを満員にしておくことでプランの次の段階に進める。我々はビジネスマンなんだからね」

メガストアは端的な一例だ。かつては駅の売店程度の規模だったクラブショップを、スタジアム右手奥に仮設した倉庫風の建物で一気に拡大展開し、最終的に現在の正面玄関に組み込んだモダンなフラッグシップ・ショップに発展させた。

それは同時に、すでにアジア全域で展開中のユナイテッド・ブランドショップ世界戦略におけるシンボル、聖堂でもあった。世界中のユナイテッドファンはそれぞれの国にある〝出張〟ショップでグッズを買い、いずれはその〝総本山〟でまた買いたいと思う仕掛けなのである。

根本にあるのは「チケット売上だけではクラブの維持に限度がある」という厳然たる事情。そこで、観客には入場料以外にできるだけお金を落としていってもらおうという寸法になる。現在、試合日のメガストアでは観客一人当たり約一万円の売上が計上されているといわれ、別棟のカジュアルレストラン「レッド・カフェ」や「ミュージアム」のカフェ、グッズ売店の売上も加えれば、その売上利益は計りしれない。

エドワーズのモットーは、「ハウスキーピングこそがすべての基本」だった。

さらなる充実を図るために、彼が白羽の矢を立てたのが、当時すでに〝スパーズ〟で、そこそこの実績を上げていたマーチャンダイジングのプロ、エドワード・フリードマンだった。

フリードマンの視野とアイディアは、あっという間にグッズ販売の収支をプラス二千万ポンド強に押し上げていく。

メガストアの発展プランそのものが彼の発案であり、またイングランド初の公式クラブマガジン創刊をプロデュースして大きな利益をもたらした。

そして、エリック・カントナをイメージリーダーとして徹底的に売り込むことで、メガストアのアイテム強化を推進し、カントナ退団後は、ご存知デイヴィッド・ベッカムという極上の広告塔を得て、ビジネスチャンスの幅はますます広がっていった。

エドワーズとフリードマンが出会うきっかけを作ったのは、〝あるディナー会合〟である。この会合こそが、イングランドのフットボール界を根底から変え、その〝土壊〟をいち早く、かつ最も効果的に耕したユナイテッドに、並ぶ者なき財政的成功をもたらすこととなった。

〝夢の劇場〟を作った最高の方程式

「あのディナーが、後のプレミアリーグ誕生の始まりだった」

デイヴィッド・コンが著書『フットボール・ビジネス』で述べた〝あのディナー〟とは、一九九〇年十一月にロンドン某所で開かれたディナー会合を指している。

ホストは当時ロンドンの某テレビ局経営者だったグレグ・ダイク、ゲストはユナイテッドのエドワーズに、アーセナル、リヴァプール、スパーズ、エヴァートンの代表者計五名。

会議の主旨は「ルパート・マードックを阻止する」ための一握りのクラブによるエリートリーグ創設であり、結局その構想が他ならぬマードック傘下の衛星放送局に乗っ取られたのは皮肉というしかないが、エドワーズの頭の中には、その構想を打ち明けられた時点で何かがひらめいたことだけは間違いない。

フリードマンを従えたエドワーズの経営革新が実質的に動き出したのは、まさにその一年後であり、それからまもなく、プレミアリーグはマードックの「Bスカイ B」を資金源として誕生したからだ。

「スカイの放送革新は、ユナイテッド・ブランドを世界中に拡販するのに大きな後押しになった。その効果をいち早く見抜いてプランを立てたからこそ、ユナイテッドは世界に冠たるクラブブランドになった」

エドワーズはまたとない最高の環境と時宜《じぎ》を得て、ユナイテッドを比類なき存在に仕立てあげたのである。

「仮に他のどんなクラブが真似しようと、もはやユナイテッドを凌駕《りょうが》することはできないだろう。しかも、ユナイテッドにはまだまだ成長の余地がある」

そんな功労者のエドワーズが、ユナイテッドファンからさえ蛇蝎《だかつ》のごとく嫌われてきたのは、ひとえに冷徹な経営戦略を推し進めたがための宿命といえるかもしれない。それはまた、彼と最高のタッグを組んで歩んできたサー・アレックス・ファーガソンの特異な性格とも呼応しているかのようだ。

ファーガソンという人は、ひと言でいうなら典型的な古いタイプの〝オヤジ〟である。スコットランド流に言えば、それは「上下関係にうるさく、規律に厳しく、素顔は温かく面倒見が良く、炎のハートを持つ」人格ということになる。

〝ファーギーズ・エピソード〟を数え上げればキリがない。

アバディーンの監督時代、あるプレーヤーを買ったばかりの新居から強引に転居させたという逸話がある。「独り暮らしには若過ぎる」というのがその言い分だった。

口癖は、「クラブよりも大切なプレーヤーなどこの世のどこにもいない」。

敵チームの監督やプレーヤーを心理的に揺さぶる〝マインドゲーム〟の達人であり、突如烈火のごとく顔を真っ赤にして怒りを迸《ほとばし》らせる彼のあだ名〝ヘアドライアー〟はあまりにも有名。ワインに目がなく、ピアノ演奏をたしなみ、恐妻家でもある。

いわば、人たらしの天才――。

ならば、計算高く機転が利き、何事にも容易周到なエドワーズとはほぼ表裏一体。互いを補い合い、ひいては互いの資質に敬意を抱くことによって、絶妙のコンビネーションが生まれる道理だ。実際にエドワーズとファーガソンは適度にウマが合った。

ファーガソンはまた、異常なほど記憶力に優《すぐ》れていることでも知られる。

たかが夏休みを利用した短期練習生だった時代、顔をちらりと見た程度にすぎなかったファーガソンが、自分の名前どころか家族構成や好みについてまで覚えていたことに、ローティーンの少年ベッカムが感激したのは、その才能の一端だ。

ユナイテッド入団に先立ち、エドワーズに匹敵する辣腕《らつわん》ビジネスマンとして知られたアーヴィング・スカラー（八〇年代〝スパーズ〟のチェアマン）が、ファーガソンに惚《ほ》れ込んで熱心に口説いた理由も、その記憶力と気遣《づか》い、そして何事も半端にはしておけない貪欲《どんよく》な知識欲だったという。

マンチェスター・ユナイテッドがいかにして今日のステイタスを築いたかについての要因、そして今後も他のクラブがその牙城を崩すには至らないだろうという根拠を、ひと言で表わすのはむずかしい。しかし、キーワードは明らかだ。

マーティン・エドワーズの巧緻《こうち》なビジネスセンス、その冷徹な部分を完璧《かんぺき》に補ったアレックス・ファーガソンの〝オヤジ風〟包容力と記憶力、そして、その化学反応を最高度に押し上げたプレミアリーグの創設――。

〝夢の劇場〟はかくして昇華したのである。

運命の「ミュンヘン事件」が変えたもの

ここで「ミュンヘン」について記しておかねばならない。

なぜなら、「ミュンヘン」こそ〝夢の劇場〟の原点だからであり、ユナイテッドが世界中で愛され、かつ疎《うと》まれる〝特別なクラブ〟になった運命的事件だからである。

それはリーグ二連覇を果たした「バズビー・ベイブズ」が、ヨーロッパ・チャンピオンズカップ準々決勝、ユーゴスラヴィアのベオグラード・レッドスターとのアウェイ戦を終えて帰途に就いた一九五八年二月六日、木曜日午後三時四分に起こった。

一行を乗せたチャーター機が、ベオグラードからの給油中継地ミュンヘン空港を飛び立とうとしたときのことである。大雪の中で三度離陸に失敗、結局滑走路の突端で重心を失って横滑りし、境界フェンスに激突して一軒の家屋半分を削り取るように破壊した後、滑走路の先の湿地帯に無残な姿をさらすことになったのだった。

キャプテン、ロジャー・バーン以下七名が、役員、随行の新聞記者たちと共に即死。若きライジングスター、ダンカン・エドワーズも二週間後に病院で息を引き取った。

こちらのエドワーズ、人呼んで〝ビッグ・ダンク〟が、あのジョージ・ベストをも凌《しの》ぐクラブ史上最高のプレーヤーと称えられる所以は、この悲運の夭折《ようせつ》にも多分に影響されている。後年、ユナイテッドの監督を務めた同時代の僚友ウィルフ・マッギネスはこう語っている。

「ダンカンはすべてを兼ね備えていた。大きく強く速く、スキルもすばらしかった。弱点など微塵《みじん》もなかった。あの若さ、わずかなキャリアを考えれば、たぶんこの世に存在した最高のプレーヤーといって憚《はばか》らない」

一世を風靡した“バズビー・ベイブズ”の8名がミュンヘンで命を落とした。写真は全盛期のイレヴン前列中央に、主将ロジャー・バーン。後列右端に立つのが、ダンカン・エドワーズである

雪中、大破したチャーター機

そして、総勢二三名の尊い命を奪った痛ましい悲劇を乗り越え、絶望的な重傷から一命を取りとめたバズビー監督の下、奇跡的に軽傷で済んだ若きボビー・チャールトンに、天才ジョージ・ベスト、デニス・ローらを加えたユナイテッドが、一九六八年五月、エウゼビオを擁するポルトガルの強豪ベンフィカを「サッカーの聖地・ウェンブリー」で倒し、悲願のチャンピオンズカップを制するまで、実に一〇年の歳月を要したのである。

回避できた事故だった。到着したときのバヴァリア（バイエルン）の天候は最悪だった。滑走路は解けかけた雪で分厚く覆われていた。フライトは翌日まで見合わせるべきだった。

しかし、ユナイテッドは帰らねばならなかった。国内リーグの規定を守るために。チャンピオンズ参戦を快く思わないリーグ首脳が、〝例外〟を認めなかったために。

後悔の種は尽きない。もしもフェンスの位置が滑走路の突端とあれほど近くはなかったら、もしもその先に建物がなかったら、もしもその過程で燃料漏れがなかったら

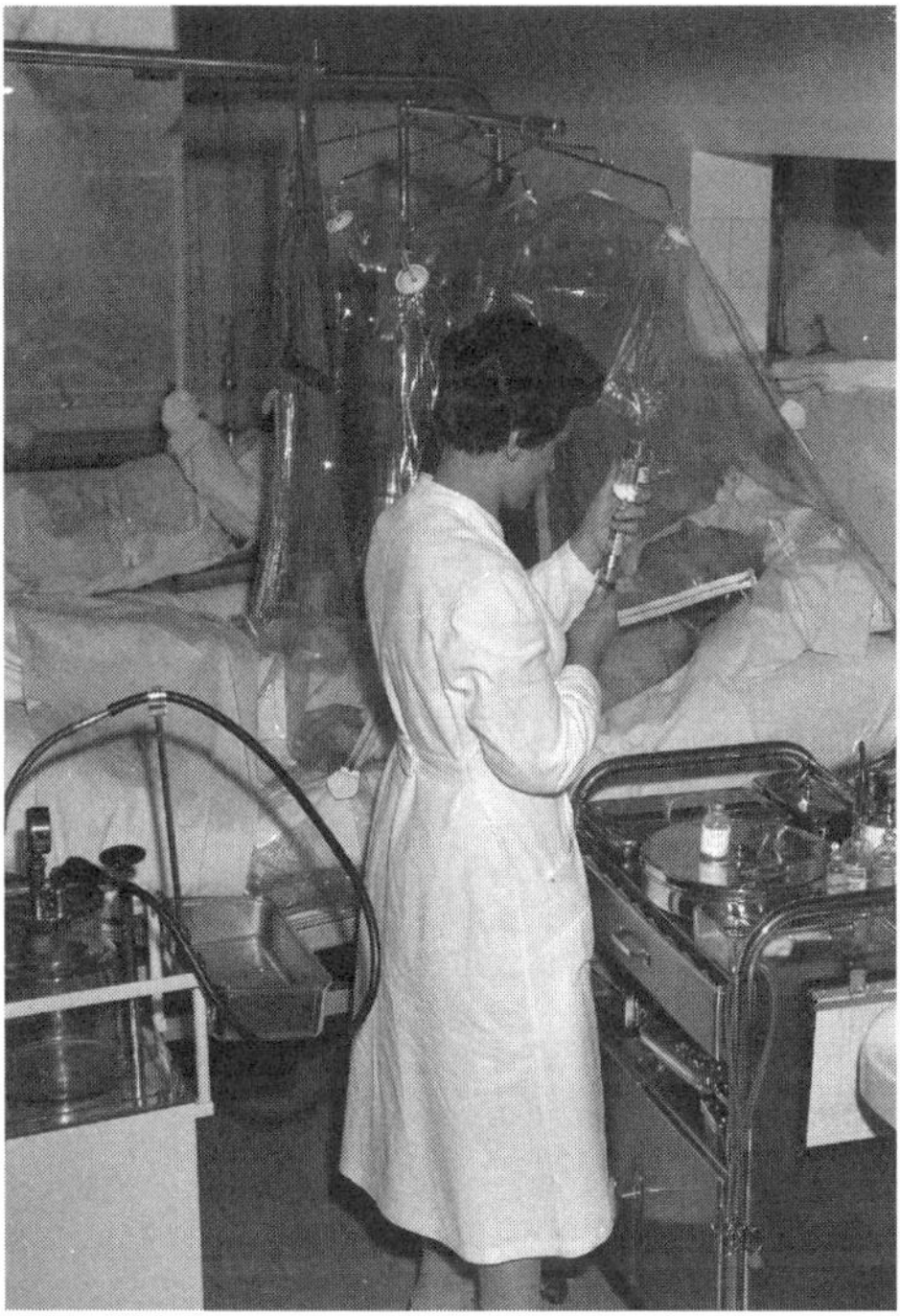

同乗したバズビー監督も重傷を負い、ミュンヘン病院で集中治療を受けた。その後、奇跡の生還を遂げ、マンチェスター・ユナイテッド復活を果たす。©AP／アフロ

――何よりも、現在の基準にある安全予防措置が作動していたならば、機体は離陸中断直後にごく単純に停止し、少々の打ち身や擦《す》り傷程度で済んでいたはずなのだ。以来、その詳細――死者の点呼、瀕死《ひんし》のマット・バズビーが快復するまでの長い長い時間、一一年間罪の意識に苛《さいな》まれたパイロットの苦悩、今もそのトラウマを背負って生きるボビー・チャールトン――は、五〇年の時を超えて、今もオールド・トラッフォード周辺に波紋を呼びつづけてきた。

だが、ユナイテッドを変えたのは、事故そのものではなかった。ボビー・チャールトンは自伝にこう述べている。

「ミュンヘン以前のユナイテッドは、マンチェスターのクラブだった。ミュンヘン以後、誰もがわずかなりともその一部を所有しているような気がするようになった」

ユナイテッドの一九五八年はまだ終わっていなかった。チャンピオンズカップ準決勝が残っていたからである。だが、ここで〝信じられないこと〟が起こる。

その「対ACミラン」戦のホーム&アウェイの二試合とも、事故の後遺症を脱して獅子《し》奮迅《ふんじん》の大活躍を続けていたボビー・チャールトンの出場が適《かな》わなかったのだ。なんと、その両日、チャールトンは〝カレンダー通りに〟イングランド代表の試合に駆《か》り出されていたからだ。しかも、うち一つは親善試合にすぎなかった。FA（イングランド協会）は、無情にもクラブの必死の嘆願をはねつけていた。

それだけではない。その夏、UEFA（欧州フットボール連盟）は、新リーグ王者ウルヴズとともに、ユナイテッドを翌シーズンのチャンピオンズカップに招待した。事故直後から、身を切られるような思いでチーム再建に取り組んだ副官ジミー・マーフィーも、復帰したバズビーも喜んでこの厚意を受けることにした。ところが、そこで再び「リーグチャンピオンのみが参加資格を得る」規則を盾にする機構（FA）側が、ユナイテッドの参加を強引に阻止してしまうのである。

このとき、バズビーとマーフィー、そしてユナイテッドの理事会は、眦《まなじり》を決して自らに言い聞かせたという。

「我々が、いかなる外部の救済も借りることなく自力でミュンヘンからの復興を目指すしかないと決意したのは、まさしく正しかった」

そして彼らは肝に銘じた。「ここより、我々と〝彼ら〟の戦いが始まるのだ」と。

「ミュンヘン」の真の意義はそこにあった。つまり、尊大に四角四面の規則を押しつける統括機構に対する挑戦、見返すこと――正々堂々とヨーロッパの頂点を極め、かつ、押しも押されもせぬイングランドを代表する至高のクラブとなることを！

それから半世紀余、ユナイテッド史上最高の黄金時代を率いるサー・アレックス・ファーガソンの佇《たたず》まいに、ふと、無類の社交家にして信念の人マット・バズビーと、妥協なき慈愛の鞭《むち》をふるって人の心を掴む達人ジミー・マーフィー両名の凝縮された何かを感じてしまうのもまた、運命なのかもしれない。

マンチェスター・ユナイテッドはかくして、世界七千五〇〇万のファンベースを誇る比類のない〝特別〟なクラブになったのだ。

第九章 Money《マニー》, Money《マニー》, Money《マニー》

古き良きフットボールの原風景は、今……

振り返れば、そう、ざっと七〇年代が終わりに近づく頃までのプロフットボール界は総じて〝つましい〟ものだった。

クラブ経営は、ほぼ観客入場料収入だけで賄《まかな》うことができた。あるいは、少なくとも、それで賄うようにしていた。赤字の補塡《ほてん》や必要な資金の捻出《ねんしゅつ》は、彼ら自身のポケットマネーでやりくりするか、それでも足りなければ伝手《つて》やコネによる〝寄付・寄進〟などで、何とかやっていけた。

なぜなら、〝プロクラブ〟とはいっても、それは単に「プレーヤーたちが別に職業を持っていない」というだけのことであって、彼らがクラブから受け取る給与額も一般人のそれと比べて、今ほどの〝天文学的格差〟には程遠かったからだ。

また、オーナーたち自身も、ほぼ例外なく「生まれついての」ファンであり、縁のあるクラブを所有しているという誇らしい肩書きを、自尊心を満たすステイタスくらいに考えていた。ゆえに、自身の生活レベルを維持できる限りは、「損をするのも想定内」だったのだ。

要するに、クラブのオーナーたちは「これで金儲けをしよう」とはゆめゆめ考えていなかった。

六〇年代の後半に入るまでは、人目を引く高級自家用車で練習場やスタジアムに通うプレーヤーなどごく稀《まれ》で、大半がファンに混じってバスや地下鉄を利用していたという。そして、試合が終わると近くのパブに繰り出し、ファンに囲まれ、肩を組み合って〝同化〟し、祝杯もしくは憂さ晴らしの酒を酌《く》み交わす――。

そんな「毎週末ごとにめぐってくるちょっとした非日常的な体験」が、ファンにとって「何もかも忘れて発散できる」かけがえのないリクリエーションの一つだった（もちろん、今でもそのはずなのだが……）。だからこそ、そんなプレーヤーたちも本当の意味での庶民のヒーローであり続けた。

それが今や、フットボールは世界的不況をものともせず、活況を呈する〝利益追求型優良ビジネス〟と化している。

トップクラブはその実、ほぼ例外なくかなりの額の負債を抱えながらも、破綻《はたん》しないで済むに相応な収益を計上するれっきとした営利企業だ。

そして、天下のプレミアリーグでプレーする多くの〝エリート戦士〟たちときた日には、「アフリカの独裁者をも赤面させてしまうほどに稼ぎまくる傍若無人《ぼうじやくぶじん》なプレーボーイども。高級スポーツカー満載のガレージ、セルフブランドのオーデコロン、マリー・アントワネット気取りの金遣《づか》いの荒い妻やガールフレンドに囲まれ、おだてられ、甘やかされ、その実、世の中を舐《な》めきっている成り上がり上流階級」である。

こうなってしまっては、もはや道楽気分の〝並〟の大金持ち程度では、単独オーナーの椅子にしがみついていられるはずもない。

かくして〝天文学的〟な資産を誇る文字通りの億万長者、ないしはそれ以上に莫大《ばくだい》な利潤を吸い上げる大事業主、多国籍企業らに、取って代わられることになる。彼らはファン（だと自負しようがしまいが）である前に、冷徹で妥協を許さない営利実業家だ。しかも、そのほとんどが三顧《さんこ》の礼に迎えられ、望まれて到来する。

気がつけば、イングランドのプレミアリーグに属するクラブの約半数が、今や外国人実業家、ないしは外国グループ企業の手の内に入ってしまった。そして、おそらく今後も、このような事業上の多国籍化にますます拍車がかかって拡大していくのは、もはや必然の流れと受け止められている。

なぜなら、単にオーナー（もしくは〝オーナー企業〟）が外国籍になるだけのことなら、特に問題があるというわけでもないからだ。心情的には割り切れないローカルサポーターも、「ま、それも仕方ないか」と受容する。

それでチームの戦力が充実するのなら、優勝を狙えるチームに成長してくれるのなら、観覧環境や施設がより良く改善されていくのなら――。

弾けそうで弾けない〝バブル〟

一九九七―九八シーズンが幕を閉じた頃、ロンドンの株式取引所を中心とする投資市場に名を連ねるフットボールクラブの数は二〇を超えた。

九八年一月には、英国の経済紙『ファイナンシャル・タイムズ』の「ＵＫ５００」、すなわち英国の株式市場における企業ランキングにおいて、「マンチェスター・ユナイテッド」が、市場価値約七四一億円で二八九位にランクされた。

これは、当時、市場価値八兆円を優に超えていたミッドランド銀行のオーナー会社

「HSBCホールディングズ」などトップ企業には遠く及ばなくとも、たとえば、オークション最大手「クリスティーズ」、ビールメイカー最大手「グリーン・キング」や「サヴォイ・ホテル」などを凌駕《りょうが》した驚くべき数字だった。

何よりも、前回の三三八位からジャンプアップしたナンバーワン成長率は、ユナイテッドが単なる「イングランドで最もビッグなフットボールクラブ」ではないことを示すに十分だった。そして、そんなユナイテッドの〝快進撃〟は、ライバルのチェルシー、リヴァプール、アーセナルらの経済的躍進を促した。

それからほんの一〇年余り後――。

《レアル・マドリードのロビーニョ、イングランド史上最高額で
マンチェスター・シティーに移籍》

マンチェスター・シティーを一気に世界一の金満スポーツクラブに変えたUAE／アブダビ・ユナイテッド・グループ（ADUG）が、満を持して〝面目〟を施したこ

ズの事件がファンたちを驚かせると、まもなく、ニューヨーク発リーマン・ブラザーズ破綻のニュースが地球上を駆け巡った。

さらに、ビル・クリントン後のアメリカ経済政策に倣《なら》って〝超〟のつく金融立国と化していたアイスランドが、事実上の国家破産危機に直面しているとの報が流れ、同国有数の大銀行をバックボーンに持つウェスト・ハムに、実《まこと》しやかな身売り説が飛び交う。

また、ロシアでは政府が国内最大手の鉄鋼企業に巨額公的資金を投入し、いきおい、同企業筆頭株主のロマン・アブラモヴィッチ氏も災禍《さいか》は免《まぬが》れず、ひいてはチェルシーに激変が訪れるやも知れず、云々。

降って湧いたような波紋はとどまるところを知らなかった。

マンチェスター・ユナイテッドのキットスポンサー「ＡＩＧ」国有化の影響は？

リヴァプール、アストン・ヴィラのアメリカ人オーナーたちも、ただで済むはずがない？

ポーツマスのイスラエル系ロシア人オーナーは、かなりの損失をこうむった？

いわゆるサブプライムローン禍が火種となった「一〇〇年に一度」の世界的経済恐慌、その余波にまつわる憶測は、ほぼ時を同じくしてFAから暴露的に発表された「プレミアリーグのクラブ経営を逼迫《ひっぱく》する巨額累積赤字の実態」とも相俟《あいま》って、同リーグ周辺にただならぬ激動、激震の予感をもたらした……はず、だった。

「プレミア・バブル」――このキーワードを巡る話題については、かのアブラモヴィッチ登場以前から、現地メディア周辺で折に触れて語られてきたという事実がある。その中には、衛星放送参入の恩恵（放映権料の収入増）によって飛躍的に肥え太ったプレミアリーグ創設そのものを〝バブル序章〟と振り返る意見も少なくない。そのココロは、有名外国人プレーヤーの大挙流入が〝定例行事化〟したことによる「報酬の飛躍的な高騰」。

考えてみれば、ドメスティックスポーツの〝心情的〟基本概念を大幅に逸脱して海外の大物や代表クラスを手当たり次第に買い漁《あさ》る〝システム〟は、モノづくりを軽視、放棄して金融操作による利潤追求にのめり込み、ひとえに株主配当率を吊り上げるための〝先進的金融工学〟に相通じるものがありそうだ。

ところが、以来、燃え広がるばかりの経済恐慌の大火が、いつ終息に向かうのか誰にも予測し得ない今に至っても、〝プレミアの泡〟は、なぜか膨らみつづけているように見える。

かれこれ一〇年以上もバブル崩壊の危惧《きぐ》を取り沙汰されてきたイングランドのプレミアリーグが、この未曾有《みぞう》の大不況時代を迎えても、一見して平素とまるで変わりがないように見えるのはなぜなのか。

「成功をカネで買う」

イングランド代表が、近年のワールドカップやユーロでついぞ満足な成績を残せないでいる原因の一端についても、数多の識者が口を開けば嘆くのは、「プレーヤーたちのカネ太り」だ。

確かに、アメリカ四大スポーツに君臨する一握りのスーパースターやF1ドライバーには及ばずとも、ほんの一〇年あまり前、クロアチア代表アレン・ボクシッチ（当時ミドゥルズブラ）の推定年俸「約六億円」に目を剝いたのも、まさに〝十年一昔〟。

もはや大半のクラブで一〇億円を下らないクラスはざら、というのが現状である。

クラブ経営を逼迫させているのはこの莫大な俸給体系なのであって、移籍金ごときはある意味で「どうにでもなる」代物なのだ。

とどのつまり、移籍金は当該クラブ同士の歩み寄り次第で〝分割払い〟が利く。ところが、給料未払いはほとんど即「破産危機」につながってしまう。かくして、名門リーズ・ユナイテッドやグラスゴウ・レインジャーズは破綻への道を歩んだ。

もっと切実な問題もある。プレミアの某クラブでレギュラーの地位を失いつつあるか扱われ方に不満のあるプレーヤーが、他のリーグの平均的クラブに移籍しようかという場合の〝壁〟だ。つまり、いくら移籍先クラブと当プレーヤーが〝相思相愛〟に至っても「俸給レベルが見合わない」ために流れてしまうケースは少なくない。

一方、「プレミアで是非プレーしたい（と思っていた）」と目を輝かせる多くの外国人プレーヤーの心の奥底には、単なる憧れや熱っぽく温かいファンの存在、あるいは「世界有数のレベルの高さ」に対するチャレンジ精神を燃え立たせる以上に、「俸給の高さ」が磁力の源となっていないはずがない。

突きつめれば、もともと給与ベースが高いところへ、初期段階では外国人プレーヤーが相対的に安くつくクラブサイドの実利メリットが一体化し、今日の「プレミア外国人天国」状態を作り出してきたのだと考えられている。

それはまた、チェルシーを〝持ち物〟にしたロマン・アブラモヴィッチに象徴される金満長者たちを引き寄せる温床ともなってきた。動くカネが桁《けた》外れ、その往来は激しいとなれば、ビジネスとしてのうまみも膨《ふく》らむというわけだ。

仮に、単に〝趣味〟が嵩《こう》じて同時にマネーゲームも楽しんでいるだけだとしたところで、この地上最大のファンベースを誇るスポーツ界でどこよりも目立ちやすい〝広告塔〟としての価値は、およそ測りしれない。

ゆえに、バブルは今も弾けそうで弾けない?!

アブラモヴィッチ旋風を皮切りに、続々と参入する〝アメリカンプロスポーツ界の大立者〟たち（マンチェスター・ユナイテッド、リヴァプール、アストン・ヴィラ、サンダランド）、〝大実業家にして元某国首長↓UAEの大富豪〟（マンチェスター・シティー）に、〝F1のオーナー↓LCC《ローコストキャリア》航空会社のオーナー〟（クイーンズ・パーク・レインジャーズ）、さらには執拗にそのチャンスを窺《うかが》う南アジアやアラブ世界、南米の〝スーパー・ビリオネア〟たちにとって、プレミアリーグほどカラフルで華のある〝投資ビジネス・ワンダーランド〟はないのかもしれない。

この複合的〝プレミア・バブル〟を創出する重大な推進力となったのが、九〇年代に入って一気に地球レベルで普及した衛星放送という電波メディア改革であり、その侵食を招いた〝受け皿〟として、施設の老朽化と八〇年代を中心に吹き荒れたフーリガニズムを主な原因とするイングリッシュ・フットボールの〝荒廃〟があったことは、もはや異論の余地がない。

すなわち、一九九二年のプレミアリーグ創設自体がバブルの「square《スクエア》 one《ワン》（出発点）」だった。だとすれば、すべては歴史の必然ということになる。

〝荒廃〟によるクラブ経営の破綻危機を抜本的に修復改善すべく、安全で快適なスタジアム環境の整備革新（全席指定制）しつつ、かつてない強力なスポンサーシップを模索していた主要クラブと、ドラスティックなビジネス拡大に寄与する〝目玉商品〟を求めていた衛星放送事業者の利害が一致したとき、「プレミア」というエリートリーグが誕生した。果たしてその賭けはまんまと当たり、想像以上のうまみをもたらすこの〝ニュービジネス〟が肥え太っていったのである。

むろん、後戻りはできない。しかし、何事も過ぎたるは及ばざるがごとしという。いびつで危うい周辺現象もとっくに現われはじめている。

前ロンドン市長肝《きも》いりの経済緩和政策で続々と流入するロシア人ビジネスマンたちが、高価な最新ファッションに身を包んで毎週末のように「スタンフォード・ブリッジ」（チェルシーのホームスタジアム）のメインスタンドを悠然と独占する光景に、祖父の代からの熱烈な〝ブルーズ〟ファンは、日雇い労働に身をやつしながらスタジアム近くのパブのテレビにかじりついて一喜一憂しながら、密かにため息をつく。

こんなやりきれない〝格差〟が、いつか〝世界が羨《うらや》む伝統の熱血ファンスピリット〟にヒビを入れてしまうのではないかと思うと、こちらまでため息をつきたくなる。

そして、当然のことながら、結果的に「成功をカネで買う」を地で行った格好のチェルシーとマンチェスター・シティーに対する風当たりは強い。

ブリティッシュ・フットボールという素晴らしき世界が、「見えない、抗《あらが》いようのない力で、無体《むたい》に、じわりじわりと、アリ地獄のような未知の混沌《こんとん》に引きずり込まれていくような光景のデ・ジャ・ヴュ、あるいは不安」を〝つぶやく〟声も絶えない。

プロフットボール界は、いまだ「カネのなる木」として幻想の中に君臨しつづけているらしいが、バブルはいずれ弾ける運命にある。仮にアブラモヴィッチ氏のゲームが終わったとき、その後に続くのはいったい何なのか。

「ニューカッスル騒動」に見る幻想と希望

ニューカッスル・ユナイテッド——イングランド有数の名門、古豪でありながら、長くタイトルとは縁遠い屈辱的な地位に甘んじてきたこのクラブに、史上最悪クラスの醜聞騒動が持ち上がったのは、ほんの数シーズン前のことである。

その震源、つまり〝マグパイズ〟(ニューカッスルの通称)永遠のアイドルともいうべき人気〝先行〟監督、ケヴィン・キーガンの突然の辞任は、クラブ経営陣が彼を蚊帳《かや》の外において独断専行のプレーヤー補強に走ったことに対する、いわば怒りの〝クーデター〟に等しい意味があった。

「理はキーガンにあり、非はすべてクラブ上層部にある」と得心したイングランドきっての純真で熱いマグパイズ・サポーターたちは、こぞって〝偽善者〟オーナー、マイク・アシュリー攻撃に転じた。

ある者は「四〇年以上、このクラブのファンをやってきたことを心底後悔したくなる」ほど世を儚《はかな》み、ある者は「シーズンチケットを涙ながらにドブに捨ててやった」と嘆き、ある者は「アシュリーのヤツと刺し違えてこの世とおさらばだ」と吐き捨てたほどだ。実際、この〝悪役〟のもとには日夜脅迫の手紙と電話が殺到したという。

身の危険を覚えたアシュリーが、しばらくしてオーナー権譲渡の意を明らかにすると、時を置かず、アシュリーの依頼を受けた敏腕交渉人のもとにはナイジェリア、南アフリカ、アメリカ、中東、南アジアなどの投資グループ筋から名乗りが殺到。

今をときめく外資ブームに乗って、この誇り高きノースイーストの地にも、新たな〝時代の請負人〟が到来するのは時間の問題かと思われた。

特筆すべきは、候補グループのほぼすべてが、ファンにおもねるかのように「キーガン監督復帰就任」の公約を掲げていたことである。

ところが、二度、三度とニューカッスル側が刻限を定め、大手を広げて〝オークションを展開したにもかかわらず、交渉はいっかな捗《はかど》らず、結局アシュリーは矛《ほこ》をおさめて売却中止を宣言してしまった。何のことはない、交渉に臨んだ候補グループたちの提示額がことごとく、ニューカッスル（アシュリー）の査定希望に見合わなかったのだ。急場しのぎに呼び寄せたベテラン監督の指導が、一時的にせよチーム成績を上昇機運に乗せたこともある。しかし――。

なぜ、四面楚歌も同然のアシュリーは、わずか一年余り前の買収時に自身が注ぎ込んだ数倍に当たる額にも首を縦に振らず、強気を押し通したのか。

ほんの二〇年ほど前、すなわち一九八〇年代のイングランド（ブリティッシュ）・フットボールは、国民的スポーツならぬ〝国民的のけ者〟扱いされる存在にまで落ちぶれかけていた。

一九八五年の「ヘイゼル事件」（フーリガリズムではなく〝酒害〟）、その四年後の「ブラッドフォード火災事件」および「ヒルズボロ事件」と、繰り返された連鎖的な悲劇はいうに及ばず、六〇年代末に芽を吹いた悪名高いフーリガニズムに蹂躙《じゅうりん》される、病める社会の象徴として、緊縮基調サッチャー政権下の良識ある人々から疎《うと》まれ、不況の泥沼に沈もうとしていたのである。

それが今や一転、プレミアリーグと名を変え、リッチでファッショナブルなプロスポーツ・パラダイスとして完全に息を吹き返した。

しかし、だからといって何もかもが変質してしまったわけでは決してない。

改めて噛《か》み締めてほしい。かつて六〇年代初頭の頃まで、イングランドではスターと名のつく看板プレーヤーでさえも、その年俸報酬は一般庶民平均のそれの数倍程度にすぎなかった。マイカーで通う者など数えるほど。彼らはファンと同じように公共交通手段を利用してスタジアムを行き来し、試合後にはファンに混じって近接のパブで祝杯に喉を潤し、場合によっては憂さを晴らすプレーヤーも少なくなかった。

言いかえれば、〝彼ら〟は志を同じくする仲間同士だった。

サポーターとは、ピッチの上で闘っているプレーヤーたちと心を一つにして〝共に闘う〟同志に違いなかった。

そして、親から子へ、祖父から孫へ、数世代を受け継がれてきたその心情は、もはや地下鉄の中で、パブのざわめきの中で、肩を叩き合って健闘を誓い、労《ねぎら》うことは叶わなくなった今も、消えない〝幻想〟として息づいている——。

いや、幻想と切り捨てるのはやはり失礼というものだろう。彼らはきっと信じている。自分たちが行かなければ、自分たちも同じ空間にいて共に闘ってやらねば、と。

間違っても無関心でいるわけにはいかない——という義務感、使命感。

だから、少々負けが込んでも、調子が悪かろうがパフォーマンスに弛《たる》み、緩みが感じられたところで、ならばなおのこと、憤りと期待を胸に馳《は》せ参じないわけにはいかない。スタジアムに空席を目立たせるなどあってはならない、それは仲間への裏切りに他ならない。

かくして、ファンの足が止まることはない。チケットの価格が高騰しても、なんとかやりくりして〝ゲーム参加〟に備えるのは、彼らの生きている証にも等しいのだ。

そこには二つのココロが宿っている。

ニューカッスルを例にとって〝翻訳〟すれば次のようになるだろうか。

――たとえ、胸が張り裂けそうな気持ちでシーズンチケット返上にまで思い詰めても、ピッチの上で闘う〝同志〟たちを見放すわけにはいかない、と思い直したファンの強気（心意気）。

――（キーガンの一件を）後悔しながらも、自らも幼少からそんなファンの思いを痛いほど知り尽くしている以上、安売りはできない、譲歩するなんて絶対に許されない、と目を開いたアシュリーの強気（決意）。

そして、そんな両者の〝強気〟がいつしか通じ合い、歩み寄ってきたからこそ、ニューカッスルは苦しいながらも立ち直りの兆しを見せ、売却話も立ち消えになったと考えられるのだ。

現実的な面に立ち戻れば、何があろうとスタジアムに足しげく通うファンの落としていく入場料収入が、その総額の占める割合如何《いかん》にかかわらず、クラブを支えている最大の拠《よ》り所だということである。

ADUGの超絶金満バックアップを得たマンチェスター・シティーの昨今の〝豪腕

補強〟について、アーセナルのアーセン・ヴェンゲルはいみじくもこう述べた。憤りと誇り、そして希望を込めて。

「クラブを支えている要因は三つ——TV放映権料、グッズ売上げ、そして何よりも観客入場料収入。それ以外の〝恩恵〟に多くを頼ってしまうようなクラブは生き残る価値がない」

今やプレミアリーグを、イングランドのフットボールを愛し、理解することにかけては人後に落ちないヴェンゲルのこの〝強気〟（心意気と決意）がある限り、バブルはいつか適度な弾力を維持し耐えながら、あるべき形を模索していくことだろう。

少なくとも、イングランドのフットボールファンはそう信じ、期待している。

エピローグ　――「カガワ」は成功するか

香川真司のプレミアデビューは殊《こと》の外《ほか》、評価も上々。メディアやファンの受けも、まずまずどころか少々浮かれ気味――とは、さすがに言い過ぎだろうか。

そもそも、ユナイテッド入団の噂が広まった時点で、「さて、あの体でプレミアでやっていけるのか」という疑問の声が、一切といっていいほど聞こえてこなかった事実が稀有《けう》なことであり、なぜか〝万人〟が「期待」のみで受け止めていたような気さえする。

開幕戦（対エヴァートン）直後、ユナイテッドOBで現イングランド代表コーチのギャリー・ネヴィルは、一番乗りを焦ったかのようにその資質を認め、むしろ「周囲のチームメイトが彼を活かすようにすべきだ」と褒《ほ》め称《たた》えた。

第二戦（対フルアム）、ホーム開幕戦でのラッキーなデビューゴールは、イングランド全土のユナイテッドサポーターを狂喜させ、ヒーローを超えてさながら〝マスコットアイドル〟の域に持ち上げられた感がある。

ここまで来ると、開幕前、オフの「南アフリカ〜極東遠征」が始まる以前の、現地〝番記者〟による「成功率は七〇パーセント以上」も、単なる日本のメディアに対する〝社交辞令〟というわけではなかったのかもしれないように思えてくるほどだ。

さしずめ「あのサー・アレックスが見込んだだけのことはある」という、当代きってのお墨付きに、誰もが魔法にかかってしまったということなのだろうか。

いや、実際に、その軽快でいて落ち着きはらったプレーを目の当《ま》たりにした誰もが、「彼こそユナイテッドに足りなかったピース」だと手もなく認めてしまった、といった辺りが真実なのかもしれない。

これは実に稀《まれ》なケースである。どんなにまぶしくてクラクラするような超新星であろうと、少なくとも専門家筋や通《つう》を自負するファンの中からは、何らかの疑問や苦言の一つや二つは飛び出してくるものだからだ。

それがまったくといっていいほど表に出てこない。「カガワ」は、ひょっとしたら我々が知っているつもりでいる以上の、才能の持ち主なのかもしれない。

アレックス・ファーガソンという人は、これはと目に留まったターゲットでもおいそれと飛びついたりはしない。可能な限り、その「適性」を洗い出そうと手を尽くす。

あくまでも推測だが、ファーガソンが注目したのは、香川の〝特殊〟な経歴だったに違いない。プロという意味での後進国のトップリーグをほとんど経験しないまま、ドイツに渡り、あっという間に主力プレーヤーの座を手に入れた適応力、柔軟性、スキル。しかも、若くしてすでに代表不動のレギュラーアタッカー。間違いない。これはもう獲《と》るしか手はあるまい！

そんな、香川に対するファーガソンの〝直感〟に思いを巡らしたとき、ふと、そのイメージが重なる〝かつての新人プレーヤー〟に行き着くのだ。

オーレ・グンナー・スールシャール。

「童顔の暗殺者」の異名を取ったスールシャールは、ユナイテッド入団当時は文字どおり無名の若きノルウェー人ストライカーだった。にもかかわらず、一年目にチーム最多得点の成果を残した。以後、とっておきのセカンドストライカーとして数多くの貴重なゴールをもたらし、揺るぎない地位を築いた。

いや、すべてはあくまでも筆者の他愛ない直感にすぎない。とはいえ、香川の予期せぬ人気を目の当たりにすると、スタイルや持ち味こそ違え、〝永遠の少年〟スールシャールに匹敵する、ユナイテッドの名物シンボルとなっていくような予感がする。

だが、楽観は禁物。本書が世に出る頃、たとえ香川がどれほどの実績を重ね、ユナイテッドのチームにおいてどれほどの地位を築き上げていようと、反動はいつかきっとやってくる。その第一関門は、シーズンの折り返し地点、つまり、年が変わってシーズン後半戦に突入する頃を狙って忍び寄ってくる〝精神疲労性スランプ〟だ。

近年「プレミア初年度」のプレーヤーを悩ませるケースが増えつづけている、いわゆる〝燃え尽き症候群〟は、それまでの五カ月間をフル稼働で過ごした場合、より高い確率で表面化する。過去に、そのまま消えていって退団、移籍へと追い込まれた惜しい才能も少なくない。

ドイツ・ブンデスリーガとの〝差〟を、香川自身がどの程度体感するか（それはいわば、彼だけの〝特権〟であり、外野の推定分析など何の意味もない）にもかかってはいるが、そこで問題になってくるのが、ボディーブローのように効いてくるプレミア独特の「当たりの強さ」だ。

香川のプレーパフォーマンスが際立《きわだ》ち、冴え渡れば冴え渡るほど、対戦するチームのマーク、プレッシャーも厳しくなるのは必定。仮に「ユナイテッド戦を有利に進めるにはカガワを止めろ」が合言葉になってしまった日には、より物理的アクシデントの心配も生じてくるだろう。

ライジングスター、もしくはその有力な候補の宿命である。

いずれにせよ、香川はまだ、プレミアリーグの〝ひと言では尽くせない〟キャラクターや機微というものを「学ぶ」段階にいるわけで、実質的には評価の下しようがない。ウェイン・ルーニーとの相性、ロビン・ファン・ペルシーとのコンビワークなども、いわば、まずはこの一年間をかけて探《さぐ》り、磨きあげていく立場でしかないのだ。

もちろん、逆もまた然り。いみじくもギャリー・ネヴィルが言ったように、〝彼ら〟もまた、いかに香川を理解し、香川を活かし、香川に活かされるかを、実戦を通して見つけていく。何よりも、新司令塔としてファーガソンが最も熱い期待を寄せているトム・クレヴァリーとの間で、お互いの癖や持ち味を体得し合うことが、レギュラー定着の最大のカギになるはずだ。

しかし、少なくとも彼は早々に「やれる」とっかかりは摑《つか》んだ。「やってくれる」に違いないという期待を膨らませてくれるだけのオーラも、すでに発散させている。

香川真司が、プレミアリーグという〝特別〟な環境において、その確固たる存在を知らしめる日は、そう遠くないのかもしれない。

ただし、そのカギとなるのはスキルではない。一三〇年の時をかけて先人たちが蓄積してきた「特別なハート」を感じることだ。それに対する香川真司なりの解釈を、イングランドのファンに訴えかけることができれば――結果はおのずとついてくるはずである。

キリトリ線

★読者のみなさまにお願い

この本をお読みになって、どんな感想をお持ちでしょうか。祥伝社のホームページから書評をお送りいただけたら、ありがたく存じます。今後の企画の参考にさせていただきます。また、次ページの原稿用紙を切り取り、左記まで郵送していただいても結構です。

お寄せいただいた書評は、ご了解のうえ新聞・雑誌などを通じて紹介させていただくこともあります。採用の場合は、特製図書カードを差しあげます。

なお、ご記入いただいたお名前、ご住所、ご連絡先等は、書評紹介の事前了解、謝礼のお届け以外の目的で利用することはありません。また、それらの情報を6カ月を超えて保管することもありません。

〒101―8701（お手紙は郵便番号だけで届きます）
祥伝社新書編集部
電話03（3265）2310

祥伝社ホームページ　http://www.shodensha.co.jp/bookreview/

★本書の購入動機（新聞名か雑誌名、あるいは○をつけてください）

＿＿＿＿新聞の広告を見て	＿＿＿＿誌の広告を見て	＿＿＿＿新聞の書評を見て	＿＿＿＿誌の書評を見て	書店で見かけて	知人のすすめで

★100字書評……プレミアリーグは、なぜ特別なのか

名前

住所

年齢

職業

東本貢司　ひがしもと・こうじ

大阪府生まれ。著作家。翻訳家。英国パブリックスクール修了後、国際基督教大学教養学部卒。著書に『イングランド　母なる国のフットボール』(NHK出版)、『フットボールと英語のはなし—Saturday in the Park』(三省堂)、主な訳書に『ベッカム』『シューマッハ』『スティング』『ユーカリ　愛の奇蹟』『善と悪』『オーウェン』『新訳　狂気の山脈』『ハワイの秘法』(以上PHP研究所)、『ベッカム神話』(NHK出版)、『わたしを殺して、そして傷口を舐めて。』(エンターブレイン)、『「ダ・ヴィンチ・コード」イン・アメリカ』(白夜書房)、『ロイ・キーン』『ガッザの涙』『マンチェスター・ユナイテッド・クロニクル』『日曜日のピッチ』(以上カンゼン)など。

プレミアリーグは、なぜ特別《とくべつ》なのか

東本貢司《ひがしもとこうじ》

2012年10月10日　初版第1刷発行

発行者……………竹内和芳
発行所……………祥伝社《しょうでんしゃ》
〒101-8701　東京都千代田区神田神保町3-3
電話　03(3265)2081(販売部)
電話　03(3265)2310(編集部)
電話　03(3265)3622(業務部)
ホームページ　http://www.shodensha.co.jp/

装丁者……………盛川和洋
印刷所……………堀内印刷
製本所……………ナショナル製本

Printed in Japan　ISBN978-4-396-11293-6　C0275